LOS PRINCIPIOS BÍBLICOS DE LAS MISIONES

Los Bosquejos de la Clase
"Fundamento Bíblico de las Misiones"

EDICIÓN DEL MAESTRO

Pastor Jeremy Markle

**LOS MINISTERIOS
DE
ANDANDO EN LA PALABRA**
Pastor Jeremy Markle
www.walkinginthewordministries.net

LOS PRINCIPIOS BÍBLICOS DE LAS MISIONES

EDICIÓN DEL MAESTRO

Preparado para la clase "Fundamento Bíblico de las Misiones"
Colegio Universitario Bautista de Puerto Rico

Los Significados son de
Diccionario Strong de Palabras Oringales del Antiguo y Nuevo Testament.
Strong, James. Nashville, TN, 2002

Publicado por Los Ministerios de Andando en la PALABRA
Walking in the WORD Ministries
www.walkinginthewordministries.net

Impreso en los Estados Unidos.

ISBN: 978-1947430129

El siguiente material fue escrito como notas para la clase
"Fundamento Bíblico de las Misiones,"
en el Colegio Universitario Bautista de Puerto Rico.
Su propósito es proporcionar instrucción bíblica y práctica
para ayudar a cada cristiano a participar en la Gran Comisión.

Que Dios lo bendiga grandemente
mientras que usted y su iglesia participan en la realización de la Gran Comisión.

Pastor Jeremy Markle

Indice

LOS SIGNIFICADOS CLAVES
PARA
LAS MISIONES BÍBLICAS

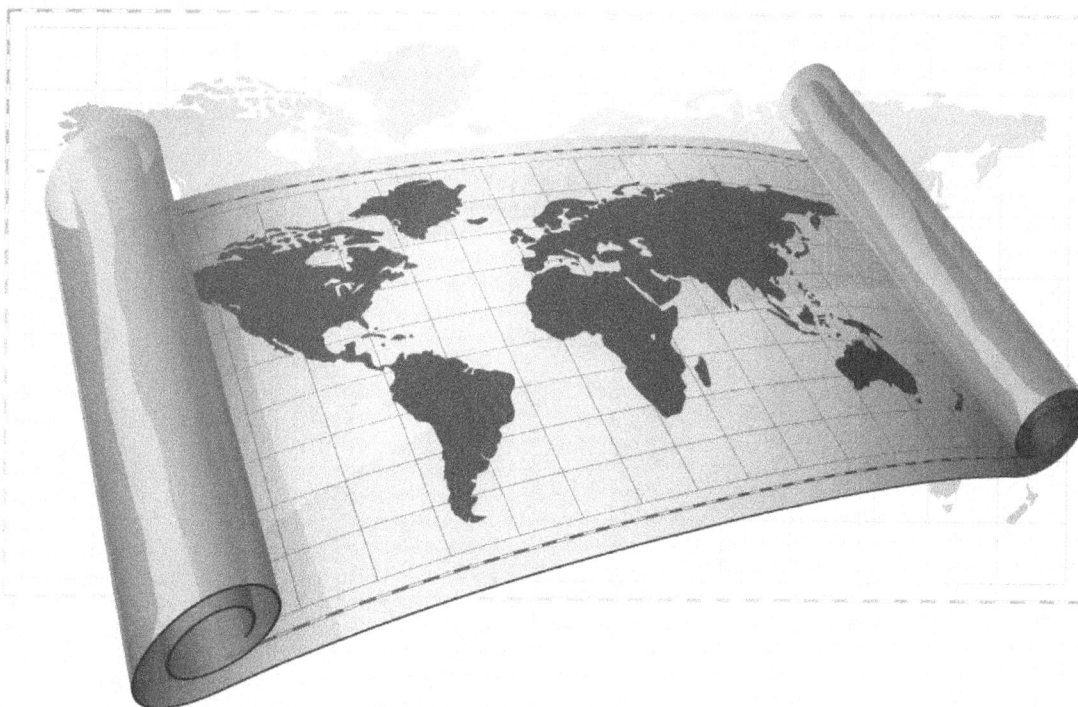

LA COMPRENSIÓN DE LOS SIGNIFICADOS DE LAS MISIONES

♦ La <u>Gran Comisión</u> - La comisión dada por <u>Jesucristo</u> a los creyentes de hacer <u>discípulos</u> de sus vecinos, sus compatriotas, y a los países rechazados y extranjeros, con el mensaje evangélico de salvación y santificación por medio de Jesucristo (**Mateo 28:18-20, Marcos 16:15-16 , Lucas 24:46-49, Juan 20:21-23, Hechos 1:8**).

♦ La <u>Autoridad</u> - La autoridad para la Gran Comisión se encuentra en la autoridad de <u>Jesucristo</u> sobre <u>todas</u> las cosas (Mateo 28:18) y Su <u>envío</u> de los creyentes en Su nombre para compartir Su mensaje de salvación al mundo entero (**Mateo 5:13-16, Juan 17:18**, 20:21-23).

♦ La <u>Meta</u> - La meta de la Gran Comisión es el discipulado global, <u>enseñando</u> la Palabra de Dios a aquellos que la recibirán para que los <u>perdidos</u> puedan ser salvos, y los <u>salvos</u> puedan ser edificados para vivir según su nueva vida en Jesucristo (**Mateo 28:19-20**, Marcos 16:15-16, Lucas 24:46-49, **Hechos 1:8**).

♦ El <u>Poder</u> - El poder de cumplir la Gran Comisión es proporcionado por el <u>Espíritu Santo</u>, mientras que se permita obrar <u>en</u> y a <u>través</u> de la vida de los creyentes (**Lucas 24:49, Hechos 1:8**, 13:1-6).

♦ La <u>Promesa</u> - Cada creyente tiene la promesa personal de Jesucristo de Su <u>presencia</u>, no importa dónde esté (**Mateo 28:20**, II Timoteo 4:16-18).

♦ El <u>Mensaje</u> - El Mensaje de la Gran Comisión se encuentra en el <u>Evangelio</u> de Jesucristo—Su muerte, sepultura, y resurrección para pagar por los pecados del mundo—que se ofrece a cada <u>persona</u> a través de la gracia de Dios y recibida solo a través de la <u>fe</u> personal, que produce una nueva vida para la gloria de Dios (**Marcos 16:15-16, I Corintios 15:1-4**, I Juan 1:2, Efesios 2:8-9, **Tito 2:11-14**, II Corintios 5:14-21)

- Un <u>Embajador</u> - Todos los <u>creyentes</u> son embajadores de Jesucristo en este mundo presente, y se les ha confiado la responsabilidad de compartir el mensaje de la <u>reconciliación</u> de Dios con el mundo perdido que los rodea (Mateo 5:13-16, **Juan 17:18**, 20:21-23, **II Corintios 4:1-7, 5:17-21**).

- El <u>Misionero</u> - Un embajador de Jesucristo que ha sido <u>enviado</u> por el Espíritu Santo y reconocido por sus hermanos en Cristo (la iglesia local), para viajar desde su hogar, muchas veces cruzando barreras <u>geográficas</u>, <u>culturales</u> y/o <u>lingüísticas</u>, con el propósito específico de hacer <u>discípulos</u> de Jesucristo por evangelizar a los incrédulos y edificar a los creyentes con la Palabra de Dios (**Hechos 13:1-6**, 15:36-6:5, 18:22-23).

- El <u>Discípulo</u> - El discípulo es un <u>alumno</u> que <u>conoce</u> a su maestro y está dedicado a él más que a todos los de más por <u>seguir</u> la autoridad, la palabra, y el ejemplo de su maestro, en todas las áreas de su vida (**Mateo 10:22-33, 37-39**, 16:24-26, Lucas 14:26-33, **Juan 8:31-32**, 13:34-35, 15:1-8).

LOS FUNDAMENTOS DE LAS MISIONES EN EL ANTIGUO TESTAMENTO

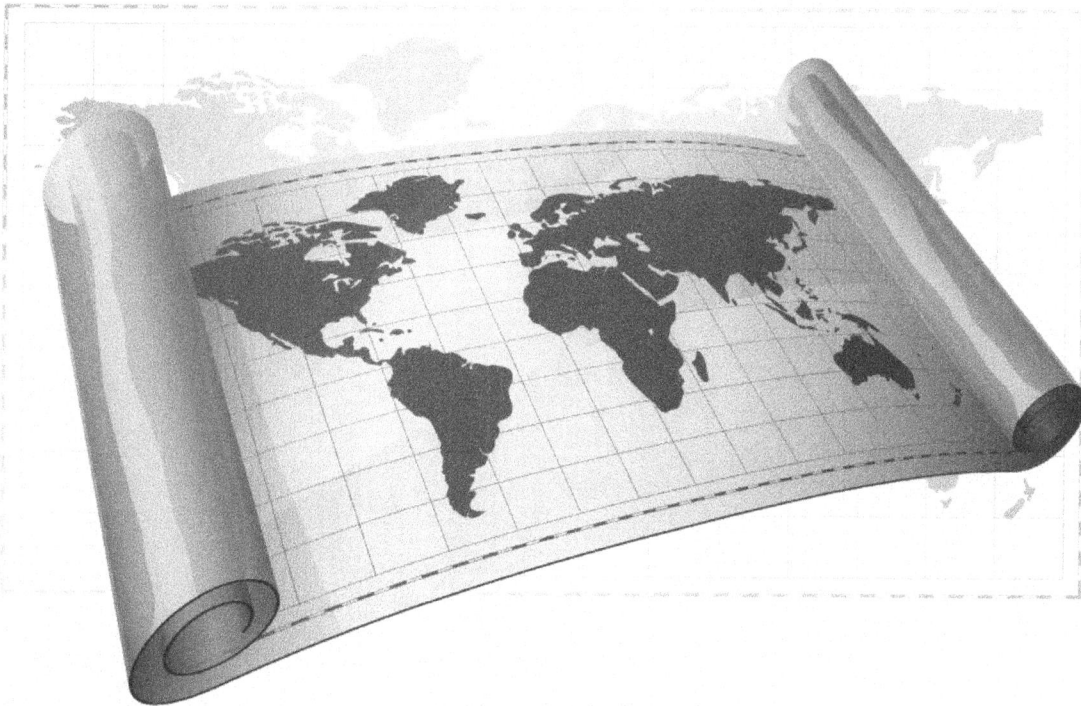

LOS FUNDAMENTOS DE LAS MISIONES EN EL ANTIGUO TESTAMENTO

*Este estudio sobre el fundamento de las misiones en el Antiguo Testamento es una breve reseña de algunas verdades y relatos históricos del Antiguo Testamento para resaltar la obra global de Dios de llamar a la humanidad hacia Sí mismo antes de la venida de Jesucristo y la entrega de la Gran Comisión.

*Debe reconocerse que la mayor parte del Antiguo Testamento se escribió al pueblo elegido de Dios, los judíos. El plan de Dios para alcanzar al mundo en el Antiguo Testamento era usar al pueblo de Israel como Su faro de luz para llamar a todas las otras naciones a Sí mismo. Sin embargo, en muchas ocasiones, Israel no lo seguía, y vivía como el mundo en lugar de ser un ejemplo para el mundo.

I. La necesidad espiritual universal de la humanidad debido al pecado
    A. Génesis 3:1-13 - La desobediencia de Adán y Eva comenzó la naturaleza <u>pecaminosa</u> de toda la humanidad
        *Romanos 5:14-21
    B. **Génesis 6:1-22 (1-6)** - El pecado de la población del mundo contra Dios lo hizo destruir todo con una <u>inundación</u> mundial
        *Noé y su familia se salvaron porque seguían a Dios
        *II Pedro 2:5
    C. Génesis 11:1-9 - Las <u>lenguas</u> fueron confundidas y las personas fueron dispersadas en la torre de Babel porque no obedecieron a Dios e intentaron de llegar a Dios a su manera
    D. Éxodo 19:1-6, 20:1-11, Deuteronomio 7:1-8, 29:1-29 - Dios escogió a los <u>descendientes</u> de Abraham, Isaac, y Jacob para ser un pueblo especial, santo, separado para Él, y lejos de la gran maldad de las otras naciones
    E. **Jueces 17:6** - El pueblo de Dios, los hijos de Israel, continuamente <u>pecaron</u> contra Dios, siendo influenciados por las naciones a su alrededor, y desobedeciendo Sus mandamientos
    F. I Reyes 14:21-24, II Crónicas 12:1 - El pueblo de Israel (en Judá) <u>pecó</u> contra Dios y <u>rechazó</u> la vida según Sus mandamientos
    G. Isaías 53:6-7 - Los profetas de Dios en Israel proclamaron la <u>maldad</u> de la humanidad

II.   La provisión universal de Dios para la condición pecaminosa del hombre

    A.   **Génesis 3:15** - Dios le prometió a Eva que su simiente (Jesucristo nacido de una virgen) <u>aplastaría</u> la cabeza de la serpiente (Satanás)

    B.   Génesis 6:1-14, II Pedro 2:5 - Dios le ordenó a Noé que construyera el Arca para <u>proteger</u> a los que entrarían (a él mismo y a su familia) del juicio de Dios

    C.   **Génesis 12:1-3**, 18:18, 22:18, 26:4, 28:4 - Dios le prometió a Abraham que él sería la fuente de <u>bendición</u> para todas las familias (esta bendición llegó en la venida del Mesías, Jesucristo - Gálatas 3:7-8)

    D.   II Samuel 7:8-16 - Dios le prometió a David un <u>reino</u> eterno (que se cumple en Jesucristo mientras se sienta en el trono de David - Isaías 9:6-7, Lucas 1:30-32)

    E.   Isaías 42:5-7, 49:1-12, 60:1-3 - El linaje de David fue profetizado como una <u>luz</u> espiritual para los judíos y gentiles (el cumplimiento de esta profecía se encuentra específicamente en Jesucristo - Lucas 1:66-80, 2:25-32)

    F.   **Isaías 6:8-13, Jeremías 1:4-11** - Dios envió profetas (Isaías, Jeremías, etc.) para <u>testificar</u> a Israel y a todas las demás naciones

III.   La presentación universal del mensaje de salvación de Dios para que todos los oyentes reciban

    A.   Génesis 3:15 - La serpiente (Satanás) fue <u>juzgada</u>, y Adán y Eva oyeron la profecía de que sería aplastado por la simiente de la mujer

    B.   Génesis 6:1-14, **II Pedro 2:5** - Noé predicó la <u>justicia</u> para los que lo rodean la siguen

    C.   Jonás 1:1-2, 3:1-10 - Dios ordenó a Jonás que <u>predicara</u> el arrepentimiento a la nación pagana, de Nínive y la gente se arrepintió y se acercó a Dios

    D.   Isaías 43:1-12 - Israel es la nación elegida de Dios para ser un <u>testimonio</u> espiritual a las otras naciones del mundo

    E.   Éxodo 12:48, Isaías 56:1-7 - Al pueblo Judío (linaje de Jacob) se le permitió incluir a "<u>extraños</u>" (gentiles) para unirse con ellos en la adoración de Dios si seguían las leyes que Dios les había dado (Hechos 6:5, 13:43).

IV.   Las personas que siguieron al único Dios verdadero
    A.   Abel - Génesis 4:1-5
    B.   Set - Génesis 4:25-26
    C.   Enoc - Génesis 5:24
    D.   Noé - Génesis 6:8-9
    E.   Job - Job 1:1
    F.   Abraham y sus decendencia (los hebreos) - Génesis 12:8
    G.   Rut - Rut 1:16-17
    H.   Rahab - Josué 2:1-21, 6:17, 23-25
    I.   La gente de Nínive - Jonás 3:1-10
    J.   Nabucodonosor - Daniel 4:34-37

*Los Salmos están llenos de los planes de Dios para las naciones.

Los Fundamentos de las Misiones en la Vida y el Ministerio de Jesucristo

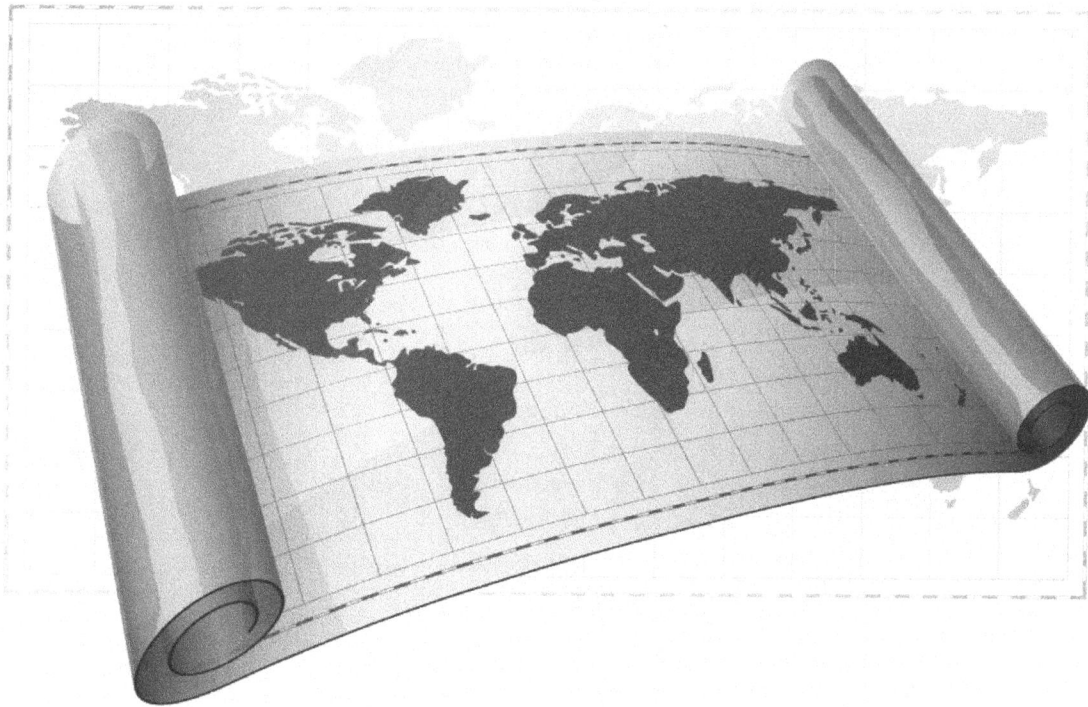

Los Fundamentos de las Misiones en la Vida y el Ministerio de Jesucristo a través de los Evangelios

I. El alcance universal se manifiesta en el nacimiento de Jesús y los que lo adoran como un niño

    A. Lucas 2:8-13 - El mensaje del <u>ángel</u> de *"os doy nuevas de gran gozo, que será para todo el pueblo:"*

    B. **Lucas 2:25-32** - <u>Simeón</u> declaró que Jesús era la salvación *"preparado en presencia de todos los pueblos; luz para revelación a los gentiles, y gloria de tu pueblo Israel."*

    C. **Mateo 2:1-12** - A los <u>magos</u> del oriente (gentiles) se les permitió ver y seguir el signo celestial de Dios para que pudieran adorar a Jesucristo como un niño cuando los judíos no reconocieron Su venida

II. El alcance universal se muestra en el ministerio de Jesús

    *Jesús viajó extensamente en Su ministerio terrenal para que Él pudiera enseñar el arrepentimiento

    A. Jesús <u>viajó</u> a las áreas de los judíos y gentiles

        Marcos 1:38-39, Lucas 4:42-44 - Jesús fue enviado a predicar a muchas ciudades

            **Mateo 11:1, Lucas 8:1, 13:21

        1. Los Judíos

           a. Mateo 4:12-17 - Capernaum junto a Zabulón y Neftalí

              *Marcos 1:21-22, 9:31-33

           b. Juan 4:1-30, 39-45 - Samaria

           c. Marcos 1:38-39, 4:43-44 - Galilea

              *Mateo 9:35, Marcos 1:8-39, 6:6, Juan 7:1

           d. Marcos 6:45 - Betsaida

           e. Marcos 6:53-56 - Genesaret y otros pueblos, ciudades, y países

           f. Marcos 8:10, 22, 27 - A través Dalmanuta a Betsaida y a Cesarea de Filipo

           g. Lucas 17:11-19 - Samaria y Galilea

           h. Mateo 19:1-2 - La costa de Judea más allá de Jordania

           i. Mateo 20:29, Marcos 10:46 - Jericó

     j. Mateo 21:1, 10, Marcos 11:1, 11 - Pasado por Betfagé, y Betania en su camino a Jerusalén

     k. Mateo 21:10-25:46 - En Jerusalén en y alrededor del templo

   2. Los Gentiles

     a. **Mateo 4:12-17** - <u>Galilea</u> de los gentiles

     b. **Mateo 8:28-34**, Marcos 5:1-20, Lucas 8:26-39 - La tierra de los <u>Gadarenos</u>

     c. **Marcos 5:20**, 7:31-37 - <u>Decápolis</u> (La fama de Jesús se difundió)

B. Jesús tenía judíos y gentiles que le <u>vinieron</u> para ser enseñados y sanados

   1. Juan 4:39-45 - Los <u>Samaritanos</u> que escuchaban a la mujer en el pozo

   2. Lucas 5:17 - Le llegaron a Él <u>fariseos</u> y <u>doctores</u> de la ley de todas las ciudades de Galilea, Judea y Jerusalén

   3. **Marcos 1:45** - <u>Muchos</u> de todas las partes (de Israel)

   4. Mateo 13:1-2, Marcos 3:7-8, 4:1, Lucas 6:17-18, Juan 8:4 - La <u>gente</u> venía de Galilea, Judea, Jerusalén, Idumea, más allá del Jordán, Tiro y Sidón

   5. Mateo 19:1-2, Marcos 10:1 - Grandes <u>multitudes</u> de la costa de Judea más allá de Jordania

C. Jesús <u>envió</u> mensajeros a muchas ciudades

   1. **Mateo 10:1-42**, Marcos 6:7-13, 30-31, Lucas 9:1-6, 10 - Los <u>12</u> discípulos

   2. **Lucas 10:1-12** - Los <u>70</u> seguidores

D. Jesús <u>cuidó</u> y <u>sanó</u> a los gentiles (así como a los judíos)

   1. **Mateo 8:5-13**, Lucas 7:1-10 - El <u>sirviente</u> del centurión Romano

   2. **Mateo 8:28-34**, Marcos 5:1-20, Lucas 8:26-39 - Los <u>demoníacos</u> de Gadara

   3. **Mateo 15:21-28**, Marcos 7:24-30 - La <u>hija</u> de la mujer cananea (sirofenicia)

   4. **Lucas 17:11-19** - Los 10 <u>leprosos</u> (uno que era un samaritano)

   5. Mateo 27:44, Marcos 15:32, **Lucas 23:39-43** - El <u>criminal</u> Romano en la cruz

III. El alcance universal se muestra en la enseñanza de Jesús
   A. El llamado universal para que todos los hombres crean
     1. **Juan 3:14-21** - <u>Todo</u> aquel que cree en Jesús tendrá vida eterna
     2. **Lucas 4:17-19** - Jesús recibió el Espíritu Santo para predicar el Evangelio a los <u>pobres</u>, <u>corrompidos</u>, <u>cautivos</u>, <u>ciegos</u> y <u>heridos</u>
     3. Juan 5:19-27 - Jesús salvará a los que le escuchan y a los que creen en Dios el Padre tendrá vida eterna
     4. **Mateo 9:10-13**, Marcos 2:16-17, Lucas 5:30-32 - Jesús vino a llamar a los <u>pecadores</u> al arrepentimiento
     5. Mateo 11:25-30 - Jesús ofrece descanso a todos los que le vienen a Él
     6. Lucas 8:19-21 - Jesús dice que todos los que oyen y hacen Su Palabra son parte de Su familia
     7. Mateo 12:16-21 - Jesús cumplió la profecía de Isaías que declara que los gentiles creerían en Él
     8. Juan 6:35-59 - Jesús es el pan de vida para todos los que vendrán a Él
     9. Mateo 18:10-14, Lucas 19: 9-10 - Jesús vino a buscar y salvar a los perdidos
     10. **Juan 7:37-39** - Jesús ofrece agua de vida a <u>todos</u> los que beben de él
     11. Juan 7:37-39 - Jesús es la luz del mundo y quien lo sigue puede caminar en la luz
     12. Lucas 9:51-56 - El propósito de Jesús es salvar y no destruir (después del rechazo de Samaria)
     13. **Juan 10:1-18** - Jesús es el Buen Pastor para <u>todos</u> aquellos que vendrán a Él (incluso los de un redil diferente - los gentiles)
     14. Lucas 15:1-16: 3 - Dios busca el arrepentimiento para que pueda haber perdón
     15. Lucas 16:14-17 - El reino de Dios fue predicado por Juan el Bautista y muchos intentan forzar su camino
     16. Lucas 16:19-31 - El cielo y el infierno no están determinados por el puesto terrenal, y los resultados son finales
     17. Mateo 19:13-15, Marcos 10:13-16, Lucas 18:15-17 - La fe de un niño es necesaria para la vida eterna
     18. Mateo 19:16-26, Marcos 10:17-27, Lucas 18:18-27 - Es humanamente imposible para un hombre rico ser salvo, pero con Dios es posible

19. Mateo 20:1-13 - El Reino de los Cielos (Dios) es igual para todos los que vienen a Él
20. **Marcos 10:42-45** - Jesús es el rescate de muchos
21. Lucas 11:15-17 - Jesús declara que el templo debía ser llamado una casa de oración por todas las naciones
22. Mateo 7:13-14, Lucas 13:22-30 - Hay dos puertas que cada persona debe elegir, la ancha a la destrucción o la estrecha a la vida (pocos escogerán el modo de vida)
23. Mateo 21:28-32 - Los que verdaderamente obedecen con acciones (por arrepentimiento) y no solo con sus palabras, entrarán al reino (los publicanos y las rameras pueden ir al cielo ante los principales sacerdotes y ancianos)
24. Mateo 21:33-46, Marcos 12:1-11, Lucas 20:9-18 - Quienes rechazan a los maestros de Dios e incluso a Su propio Hijo serán removidos, y otros disfrutarán del cielo (el reino sería tomado de los Judíos y dado a los Gentiles)
25. Mateo 22:1-14, Lucas 14:15-24 - El Reino de los Cielos (Dios) es ofrecido a muchos, pero solamente aquellos que están dispuestos a venir y estar debidamente preparados pueden disfrutarlo (ofrecido a los Judíos y luego a los Gentiles)
26. Lucas 13:1-13 - El Evangelio debe ser predicado a todas las naciones antes del fin de los tiempos
27. **Juan 12:32-33** - Jesús llamó a todos los hombres a Sí mismo cuando fue levantado en la cruz

B. El mandamiento universal para que todos los creyentes sean discípulos fieles (siervos y ministros) por Jesucristo
 1. Mateo 8:19-22, **Lucas 9:57-62** - Los creyentes deben seguir a Jesús y no mirar hacia atrás
 2. **Lucas 10:17-20** - Los creyentes deben estar más gozosos por su seguridad eterna que el poder espiritual y la influencia que podrían tener
 3. **Lucas 12:13-21** - Los creyentes deben buscar un tesoro espiritual en lugar de un tesoro terrenal
 4. **Lucas 14:25-27** - Los creyentes deben amar a Dios más que a nadie o a nada
 5. **Lucas 14:28-33** - Los creyentes deben contar el costo de servir a Dios para que sean fieles hasta el final

6. **Lucas 17:7-10** - Los creyentes deben reconocer que su trabajo y sacrificio es su <u>deber</u>

7. **Mateo 16:24-27, 19:27-30**, Marcos 8:34-38, 10:28-31, Lucas 9:22-26, 18:28-30, **Juan 12:23-26** - Los creyentes deben recordar que los sacrificios que hacen para Jesucristo serán <u>recompensados</u> con una ganancia mucho mayor

8. **Mateo 28:18-20**, Marcos 16:15-18, Lucas 24:46-49, Juan 20:21-23, Hechos 1:8 - Los creyentes son enviados por Jesucristo para hacer <u>discípulos</u> en cada nación

C. El mandamiento universal para que todos los creyentes sean <u>testigos</u> fieles de Jesucristo

1. **Juan 4:31-38** - Algunos <u>siembran</u> la semilla y otros <u>cosechan</u> la cosecha

   *A veces la cosecha la hacen los que no han trabajado para sembrar y regar la semilla

2. **Mateo 4:18-22**, Marcos 1:16-20, Lucas 5:1-11 - Jesús llamó a Pedro, Santiago, y Juan a ser pescadores de <u>hombres</u>

3. **Mateo 5:13-16** - Los creyentes son la <u>luz</u> y la <u>sal</u> del mundo

4. **Mateo 9:35-38**, Lucas 10:1-2 - Los creyentes deben orar por más <u>obreros</u> en la cosecha

5. **Marcos 9:38-41**, Lucas 9:49-50 - Los que no están en contra de Jesucristo son <u>para</u> Él

6. **Mateo 13:3-52**, Marcos 4:2-34, Lucas 8:4-15 - Los creyentes deben <u>sembrar</u> la semilla de la Palabra de Dios en la vida de los que la rodean

7. **Juan 17:20** - Jesús oró no sólo por sus apóstoles, sino también por todos los que <u>creerían</u> en Él por su testimonio

8. Mateo 28:18-20, Marcos 16:15-18, Lucas 24:46-49, Juan 20:21-23, **Hechos 1:8** - Jesús ordena a los creyentes que <u>testifiquen</u> de Jesús a cada nación

LOS FUNDAMENTOS DE LAS MISIONES
EN
LA GRAN COMISIÓN

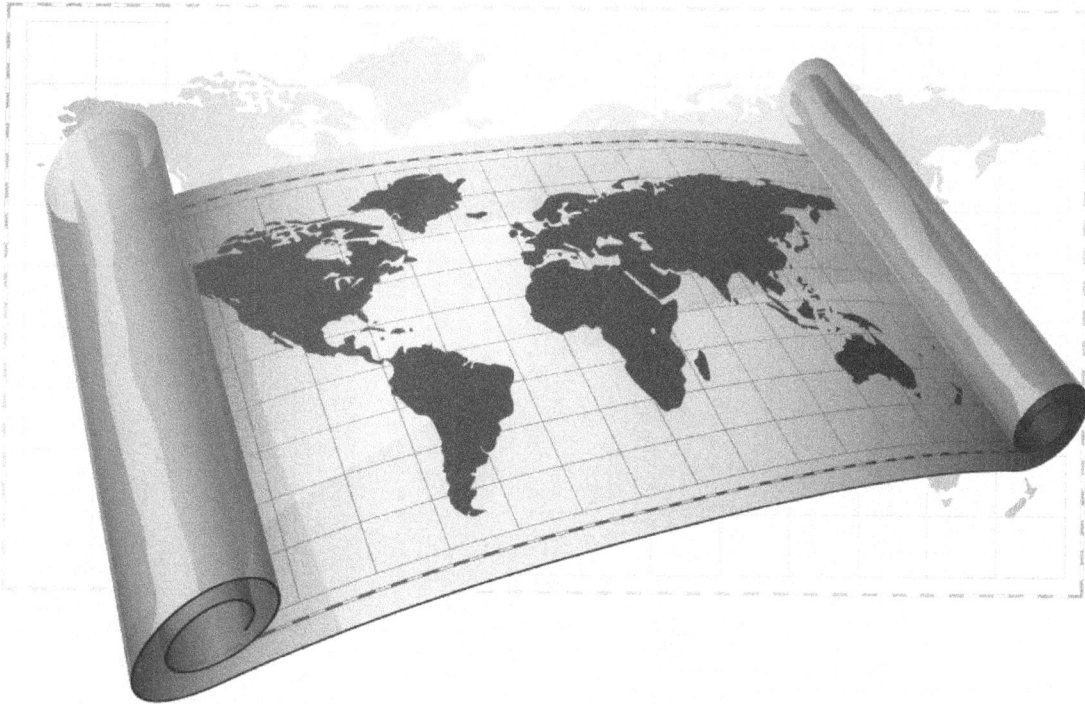

LAS PRESENTACIÓN DE DIOS DE LA GRAN COMISIÓN
Mateo 28:18-20, Marcos 16:15-18
Lucas 24:46-49, Juan 20:21-23, Hechos 1:8

I.   La <u>autoridad</u> viene de Jesucristo

    A.   Mateo 28:18 - *"Y Jesús se acercó y les habló diciendo: Toda potestad me es dada en el cielo y en la tierra."*

    B.   Marcos 16:16b - *"En mi nombre..."*

    C.   Juan 20:21 - *"Entonces Jesús les dijo otra vez: Paz a vosotros. Como me envió el Padre, así también yo os envío."*

Hechos 2:36
36 Sepa, pues, ciertísimamente toda la casa de Israel,
que a este Jesús a quien vosotros crucificasteis,
Dios le ha hecho Señor y Cristo.

II.   El Espíritu Santo proveerá <u>poder</u> sobrenatural

    A.   Lucas 24:49 - *"pero quedaos vosotros en la ciudad de Jerusalén, hasta que seáis investidos de poder desde lo alto."*

    B.   Juan 20:22 - *"Y habiendo dicho esto, sopló, y les dijo: Recibid el Espíritu Santo."*

    C.   Hechos 1:8a - *"pero recibiréis poder, cuando haya venido sobre vosotros el Espíritu Santo,"*

Hechos 2:4
4 Y fueron todos llenos del Espíritu Santo,
y comenzaron a hablar en otras lenguas,
según el Espíritu les daba que hablasen.

III.   <u>Ir</u> al mundo entero (mientras que ustedes vayan al mundo)
*Dios iba a enviarlos a diferentes lugares alrededor del mundo para ser Sus embajadores

    A.   Mateo 28:19a - *"Por tanto, id,"*

    B.   Marcos 16:15 - *"Id por todo el mundo"*

    C.   Lucas 24:47 - *"en todas las naciones, comenzando desde Jerusalén."*

    D.   Juan 20:21 - *"Como me envió el Padre, así también yo os envío. "*

E.   Hechos 1:8c - *"en Jerusalén, en toda Judea, en Samaria, y hasta lo último de la tierra."*

Hechos 2:5
5 Moraban entonces en Jerusalén judíos, varones piadosos, de todas las naciones bajo el cielo.

IV.   Predicar/Testificar acerca del Evangelio *(mandato #1)*

    A.   Marcos 16:15 - *"predicad el evangelio a toda criatura."*
       Predicar (Strong #2784) - "proclamar (como proclamador público)"

    B.   Lucas 24:47-48 - *"y que se predicase en su nombre el arrepentimiento y el perdón de pecados ... Y vosotros sois testigos de estas cosas."*
       Predicar (Strong #2784) - "proclamar (como proclamador público)"
       Testificar (Strong #3144) - "mártir, testigo, testimonio"
       *Hechos 10:34-43

    C.   Hechos 1:8b - *"y me seréis testigos"*
       Testificar (Strong #3144) - "mártir, testigo, testimonio"

Hechos 2:14, 21, 38-40
14 Entonces Pedro, poniéndose en pie con los once, alzó la voz y les habló diciendo: Varones judíos, y todos los que habitáis en Jerusalén, esto os sea notorio, y oíd mis palabras.
21 Y todo aquel que invocare el nombre del Señor, será salvo.
38 Pedro les dijo: Arrepentíos, y bautícese cada uno de vosotros en el nombre de Jesucristo para perdón de los pecados; y recibiréis el don del Espíritu Santo.
39 Porque para vosotros es la promesa, y para vuestros hijos, y para todos los que están lejos; para cuantos el Señor nuestro Dios llamare.
40 Y con otras muchas palabras testificaba y les exhortaba, diciendo: Sed salvos de esta perversa generación.

V.   Bautizar a los que creen en Jesucristo
   A.   Mateo 28:19c - *"bautizándolos en el nombre del Padre, y del Hijo, y del Espíritu Santo;"*
   B.   Marcos 16:16 - *"El que creyere y fuere bautizado, será salvo; mas el que no creyere, será condenado."*

Hechos 2:41
41 Así que, los que recibieron su palabra fueron bautizados; y se añadieron aquel día como tres mil personas.

VI.   Discipular/Enseñar a los que creen y están bautizados a guardar los mandamientos de Jesucristo *(mandato #2)*
   A.   Mateo 28:19b, 20a - *"haced discípulos a todas las naciones, ... enseñándoles que guarden todas las cosas que os he mandado;"*
       *Discipular #1 (Strong #3100) - *"convertirse en alumno"*
       *Enseñar #2 (Strong #1321) - *"instruir, aprender."*

Hechos 2:42, 46-47
42 Y perseveraban en la doctrina de los apóstoles,
en la comunión unos con otros,
en el partimiento del pan y en las oraciones.
46 Y perseverando unánimes cada día en el templo,
y partiendo el pan en las casas,
comían juntos con alegría y sencillez de corazón,
47 alabando a Dios, y teniendo favor con todo el pueblo.
Y el Señor añadía cada día a la iglesia los que habían de ser salvos.

VII.   Mirar (recordar) a la verdad de la presencia constante de Jesucristo *(mandato #3)*
   A.   Mateo 28:20b - *"y he aquí yo estoy con vosotros todos los días, hasta el fin del mundo. Amén."*
   B.   Marcos 16:20 - *"Y ellos, saliendo, predicaron en todas partes, ayudándoles el Señor y confirmando la palabra con las señales que la seguían. Amén."*

Hechos 2:47b
47 ...Y el Señor añadía cada día a la iglesia los que habían de ser salvos.

LAS CONFIRMACIÓN DE LA GRAN COMISIÓN
DE PEDRO Y PABLO

I.   Hechos 10:34-48 - Por el ministerio de Pedro
  A. El ministerio dado por la <u>autoridad</u> de Jesucristo (42)
  B. El ministerio a todas las <u>naciones</u> (34-35, 37)
  C. El ministerio de <u>anunciar</u>/predicar el evangelio (36-43)
  D. El ministerio que incluye el <u>poder</u> del Espíritu Santo (44-46)
  E. El ministerio que cumple el <u>bautismo</u> (47-48)
  F. El ministerio que hace <u>discípulos</u> (48b)

Hechos 10:34-36

34 Entonces Pedro, abriendo la boca, dijo:
En verdad comprendo que Dios no hace acepción de personas,
35 sino que en toda nación se agrada del que le teme y hace justicia.
36 Dios envió mensaje a los hijos de Israel, anunciando el evangelio de la paz
por medio de Jesucristo; éste es Señor de todos.

II. Hechos 22:14-22, 26:13-23 - Por el ministerio de Pablo
  A. El ministerio dado por la <u>autoridad</u> de Jesucristo (26:13:17, 19) (22:14-15, 21)
  B. El ministerio a todas las <u>naciones</u> (26:17, 20, 22, 23) (22:15-16, 21)
  C. El ministerio de <u>anunciar</u>/testificar (26:16, 18, 20, 22-23) (22:15, 16)
  D. El ministerio que incluye la <u>ayuda</u> de Dios (el Espíritu Santo) (26:22)
  E. *El ministerio que cumple el bautismo (22:16)*
  F. *El ministerio que hace discípulos (13:52, 14:20-22)*

Hechos 22:14-15

14 Y él dijo: El Dios de nuestros padres te ha escogido
para que conozcas su voluntad,
y veas al Justo, y oigas la voz de su boca.
15 Porque serás testigo suyo a todos los hombres,
de lo que has visto y oído.

El Plan de Dios para la Gran Comisión
Hechos 1:8, 13:1-4

El plan de Dios para el discipulado global requiere un enfoque personal y también mundial. Aunque cada creyente debe ser evangelizador y hacer discípulos de los que lo rodean, nunca debe perder la vista y la participación en hacer un impacto espiritual a las partes más lejanas del mundo al mismo tiempo. Debe pedirle a Dios que le ayude hacer un efecto dominó a los otros lugares del mundo que él nunca podría visitar personalmente, pero que aún necesitan las esfuerzas del discipulado del Evangelio, a través de su obediencia personal y ministerio en la iglesia local.

Jerusalén = Su hogar, barrios, y ciudad
Judea = Su país
Samaria = Los grupos desatendidos y países circundantes
El Fin del Mundo = Los países extranjeros hasta todos los grupos

LOS PASOS A LA CONVERSIÓN
Romanos 10:9-18

Romanos 10:9-10
Que si confesares con tu boca que Jesús es el Señor,
y creyeres en tu corazón
que Dios le levantó de los muertos, serás salvo.
Porque con el corazón se cree para justicia,
pero con la boca se confiesa para salvación.

DEBE SER ENVIADOS PARA PREDICAR
¿Y cómo predicarán si no fueren enviados?

DEBE PREDICAR LA PALABRA DE DIOS
¿Y cómo oirán sin haber quien les predique?

DEBE OÍR LA PALABRA DE DIOS
¿Y cómo creerán en aquel de quien no han oído?

DEBE CREER EN DIOS
¿Cómo, pues, invocarán a aquel en el cual no han creído?

DEBE INVOCAR AL NOMBRE DEL SEÑOR
Porque todo aquel que invocare el nombre del Señor, será salvo.

Romanos 10:17
Así que la fe es por el oír, y el oír, por la palabra de Dios.

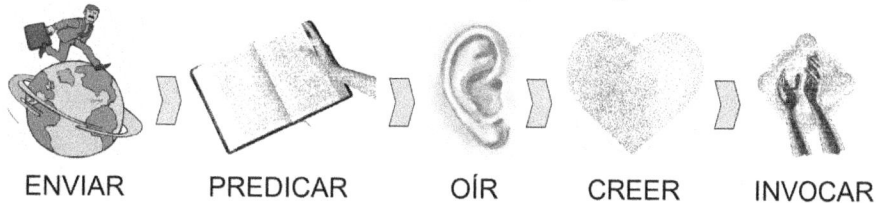

| ENVIAR | PREDICAR | OÍR | CREER | INVOCAR |

Romanos 10:15
... Como está escrito:
¡Cuán hermosos son los pies de los que anuncian la paz,
de los que anuncian buenas nuevas!

EL PROPÓSITO DE DIOS EN LA GRAN COMISIÓN
(El Discipulado Global a Jesucristo)

Mateo 28:18-20
18 Y Jesús se acercó y les habló diciendo:
Toda potestad me es dada en el cielo y en la tierra.
19 Por tanto, id,
<u>y haced discípulos a todas las naciones,</u>
bautizándolos en el nombre del Padre, y del Hijo, y del Espíritu Santo;
20 <u>enseñándoles que guarden todas las cosas que os he mandado;</u>
y he aquí yo estoy con vosotros todos los días,
hasta el fin del mundo. Amén.

El Propósito de Dios de la Gran Comisión
es que todos los creyentes participen en la enseñanza de todas las naciones
acerca de Jesucristo
para que todas las naciones puedan ser discípulos de Jesucristo.

*Discipular #1 (Strong #3100) - *"convertirse en alumno"*
*Enseñar #2 (Strong #1321) - *"instruir, aprender."*

I.   Las prácticas de un discípulo de Jesucristo
    A.   Juan 8:31-32 - Él <u>permanece</u> en Sus palabras
    B.   Juan 13:34-35 - Él <u>ama</u> a los demás
    C.   Juan 15:1-8 - Él <u>produce</u> fruto espiritual y glorifica a Dios

II.   Los requisitos para ser un discípulo de Jesucristo (Lucas 14:26-33)
    A.   Tiene que <u>valorar</u> a Jesucristo más que a cualquier otro (26)
        *Mateo 10:37-39, 16:24-26
        *Marcos 8:34-38
        *Lucas 9:23-26
    B.   Tiene que estar listo para <u>sufrir</u> por Jesucristo y morir a sí mismo (27a)
        *Mateo 10:38a
        *II Corintios 5:14-15
        *Gálatas 2:20

C. Tiene que <u>seguir</u> el ejemplo de Jesucristo (27b)
*Mateo 10:38b
*Juan 13:13-17
*I Pedro 2:21-24
D. Tiene que <u>valorar</u> a Jesucristo más que todas sus pertenencias (28-33)
*Filipenses 3:7-10

*Un discípulo de Jesucristo debe tomar en serio el nivel de sacrificio que puede ser llamado a hacer y dedicarse a ser fiel hasta el final.

III. Los resultados de ser un discípulo de Jesucristo
A. El mundo te <u>rechazará</u> (Mateo 10:22-33, *24-25)
*Juan 15:18-25
B. Jesucristo te <u>aceptará</u> como parte de Su familia (Mateo 12:47-50)

La Vida y el Ministerio de los "Discípulos" en el Libro de Hechos

*Discipular en Mateo 28:19 (Strongs #3100) - (verbo) "convertirse en alumno"
*Discípulo en Hechos (Strong #3101 and 3102) - (Pronombre) "aprendiz, i.e. alumno"

> **3101 se utiliza 38 veces en el libro de Hechos y una sola vez habla de discípulos de Juan el Bautista en lugar de los de Jesucristo
> **3102 se utiliza una sola vez in referencia a la discípula Tab1ta - Hechos 9:36

I.   Hechos 1:12-15 (15) - 120 discípulos se reunieron para orar

II.   Hechos 6:1-7 (1-2, 7) - Los discípulos se aumentaron en número y eligieron diáconos

III.   Hechos 9:1 - Los discípulos fueron perseguidos por Saulo

IV.   Hechos 9:10-25 (10, 19, 25) - Los discípulos (en Damasco) ministraron a Saulo durante su conversión
        A. Vs. 10-18 - Aninías lo instruyó, le puso las manos para que recibiera el Espíritu Santo, y lo bautizó
        B. Vs. 19 - Los creyentes de Damasco tuvieron compañerismo con Saulo
        C. Vs. 22-25 - Los creyentes de Damasco le ayudaron a Saulo a escapar de los judíos que querían matarlo

V.   Hechos 9:26 - Los discípulos (en Jerusalén) temieron a Saulo

VI.   Hechos 9:36-43 - Los discípulos (en Jope) cuidaron el uno al otro
        A. Vs. 36-37 - Tabita, un discípulo, había cuidado a los creyentes
        B. Vs. 38-43 - Los discípulos enviaron y pidieron a Pedro que ayudara a Tabita porque de su cuidado por ellos

VII.   Hechos 11:26 - Los discípulos (creyentes gentiles en Antioquía - Hechos 15:23, Gálatas 2:11) fueron llamados cristianos

VIII. Hechos 11:27-30 (29) - Los discípulos (creyentes gentiles en Antioquía) enviaron una <u>ofrenda</u> a los judíos en Jerusalén

IX. Hechos 13:50-52 (52) - Los discípulos se llenaron de <u>alegría</u> y el <u>Espíritu Santo</u> después de la persecución

X. Hechos 14:19-20 (20) - Los discípulos estaban <u>con</u> Pablo después de ser apedreado

XI. Hechos 14:21-23 (22) - Los discípulos fueron <u>confirmados</u> y <u>exhortados</u> por Pablo

XII. Hechos 14:26-28 (28) - Los discípulos (en Antioquía) <u>recibieron</u> el informe misionero de Pablo y Bernabé, y Pablo y Bernabé se quedaron con ellos por mucho tiempo

XIII. Hechos 15:7-11 (10) - Los creyentes <u>gentiles</u> fueron llamados discípulos aunque no estuvieran sujetos a las leyes y tradiciones judías

XIV. Hechos 16:1-5 (1) - <u>Timoteo</u> era un discípulo de buen testimonio por los creyentes y Pablo lo eligió a viajar consigo en su ministerio

XV. Hechos 18:23 - Los discípulos (en Galacia y Frigia) fueron <u>fortalecidos</u> por Pablo

XVI. Hechos 18:24-28 (27) - Los discípulos (en Acaya) fueron <u>alentados</u> a recibir Apolos

XVII. Hechos 19:1-20:1 - Los discípulos (en Éfeso) <u>recibieron</u> el ministerio de Pablo y le protegieron
   A. 19:1-3 - Los 12 discípulos de Juan el Bautista <u>recibieron</u> el Espíritu Santo después de haber <u>creído</u> las enseñanzas de Pablo acerca de Jesucristo
   B. 19:8-9 - Los discípulos <u>recibieron</u> la enseñanza de Pablo
   C. 19:28-20:1 - Los discípulos <u>protegieron</u> a Pablo de la persecución

XVIII. Hechos 20:6-12 (7) - Los discípulos (en Filipos) <u>escucharon</u> la predicación de Pablo durante toda una noche

XIX. Hechos 20:17-38 (30) - Los <u>creyentes</u>, miembros de la iglesia, que aquellos pastores en Éfeso pudieron arrastrar para ser sus propios discípulos

XX. Hechos 21:3-4 (4) - Los discípulos (en Tiro) <u>advirtieron</u> a Pablo que no fuera a Jerusalén

XXI. Hechos 21:15-17 (16) - Los discípulos eran <u>creyentes</u> en Cesarea y Chipre

**Los discípulos bíblicos son aquellos
que han creído en Jesucristo como su Salvador personal
y buscan aprender y obedecer la Palabra de Dios.**

**Los discípulos bíblicos
recibirán y participarán en el ministerio de la iglesia local
y el liderazgo espiritual
mientras trabajan juntos para alcanzar a los perdidos con el Evangelio
y edificar los unos a los otros.**

LA PREPARACIÓN PARA LA GRAN COMISIÓN POR LA COMISIÓN DE LOS DOCE DISCÍPULOS
Mateo 10:1-11:1
Lucas 9:1-6, 10

Mateo 28:18-20
18 Y Jesús se acercó y les habló diciendo:
Toda potestad me es dada en el cielo y en la tierra.
19 Por tanto, id, <u>y haced discípulos a todas las naciones,</u>
bautizándolos en el nombre del Padre,
y del Hijo, y del Espíritu Santo;
20 <u>enseñándoles que guarden todas las cosas que os he mandado;</u>
y he aquí yo estoy con vosotros todos los días,
hasta el fin del mundo. Amén.

I.   La <u>autoridad</u> del Señor para enviar a Sus discípulos (Mateo 10:1-4)
     *Lucas 9:1

Mateo 28:18
18 Y Jesús se acercó y les habló diciendo:
Toda potestad me es dada en el cielo y en la tierra.

A.   La autoridad sobre su vida por <u>llamarlos</u> de ser Sus apostales (discípulos)
B.   La autoridad sobre la vida <u>física</u> por darles poder de sanar
C.   La autoridad sobre la vida <u>espiritual</u> por darles poder de echar los demonios

II. La <u>comisión</u> del Señor dada a Sus discípulos (Mateo 10:5-8)
     *Lucas 9:2
     *Marcos 16:14-20, Lucas 24:45-49, Juan 20:19-23, Hechos 1:8

Mateo 28:19
19 Por tanto, id,
y haced discípulos a todas las naciones,
bautizándolos en el nombre del Padre,
y del Hijo, y del Espíritu Santo;

A. La comisión de ir a lugares específicos (5-6)
*A Israel
*Marcos 16:15, Lucas 24:47, Hechos 1:8
B. La comisión de predicar el mensaje específico (7)
*El reino de Dios
*Marcos 16:15, Lucas 24:46-48
C. La comisión de presentar evidencia de su ministerio por hacer milagros (8a)
*Marcos 16:17-18, 20
D. La comisión de ministrar libremente (8b)
*Juan 20:23

III. La instrucción del Señor dada a Sus discípulos (Mateo 10:9-41)
*Lucas 9:3-5

Mateo 28:20

*20 enseñándoles que guarden todas las cosas que os he mandado;
y he aquí yo estoy con vosotros todos los días,
hasta el fin del mundo. Amén.*

A. No preocuparse por las necesidades físicas (9-10)
*"porque el obrero es digno de su alimento."
B. Entrar a las ciudades y buscar personas dispuestas de recibir su mensaje y ministerio (11-15)
*No preocuparse por las personas no dispuestas
C. Reconocer los peligros y responder correctamente
*"He aquí, yo os envío como a ovejas en medio de lobos;"
1. Ser prudente (16)
2. Ser sencillo (16c)
3. Depender en el Espíritu Santo (19-20)
4. Entender que está sufriendo por Jesucristo (22a, 24-25)
5. Ser fiel con esperanza en la salvación (22b)
6. Escapar cuando sea posible (23)
7. No tener temor (26, 28-31)
   a. Todo será manifestado (26)
   b. Ellos no pueden tocar su alma (28)
   c. Dios te conoce y te valora (29-31)
D. Predicar en publico lo que aprendiste en privado (27)

E.   <u>Confesar</u> a Jesús, y Él te confesará (32-33)

F.   <u>Entender</u> el propósito de Jesús (34-36)

     *Divisiones vienen cuando hay desacuerdos en cuanto a Jesucristo

G.   <u>Amar</u> a Jesús más que a todos los de más (37-38)

    1.   Amarlo más que a la <u>familia</u>

    2.   Amarlo más que a sí <u>mismo</u>

H.   Hay <u>recompensa</u> de vivir para Jesucristo (39-41)

    1.   La vida sacrificada para Jesucristo es la vida <u>ganada</u> (39)

    2.   La persona que recibe el mensajero de Jesucristo recibe a <u>Él</u> y a <u>Dios</u> Padre (40)

    3.   La acción más pequeña hecha en el nombre de Jesucristo tiene su <u>recompensa</u> (41)

Mateo 11:1

*1 Cuando Jesús terminó de dar instrucciones a sus doce discípulos,
se fue de allí a enseñar y a predicar en las ciudades de ellos.*

Lucas 9:6, 10

*6 Y saliendo, pasaban por todas las aldeas,
anunciando el evangelio y sanando por todas partes.
10 Vueltos los apóstoles, le contaron todo lo que habían hecho.
Y tomándolos, se retiró aparte,
a un lugar desierto de la ciudad llamada Betsaida.*

EJEMPLO DE LA GRAN COMISIÓN EN ACCIÓN POR LA IGLESIA DE ANTIOQUÍA
Hechos 11:19-30, 13:1-4, 14:26-28

I.   Los creyentes judíos <u>predicaron</u> la Palabra de Dios mientras estaban dispersos debido a la persecución después de la lapidación de Esteban (11:19)
    *Todos los creyentes fueron desparecidos en Judea y Samaria excepto a los apóstoles (Hechos 8:1)
    *La persecución de Saulo (Pablo) (Hechos 7:1-8:1, 9:1-2)
    A.   Ellos viajaron a Fenicia, Chipre, y <u>Antioquía</u>
    B.   Ellos predicaban únicamente a los <u>Judíos</u>

II.   Los creyentes judíos de Chipre y Cirene predicaron de Jesucristo a los <u>griegos</u> (gentiles) de Antioquía (11:20)
    *Antioquía era la tercera ciudad más grande del imperio romano, y conocida por su inmoralidad (Comentario del Conocimiento de la Biblia)
    A.   La <u>mano</u> de Dios estaba con los que predicaban
    B.   Muchos griegos <u>creyeron</u> y se volvieron hacia Jesucristo

III.   La iglesia en Jerusalén <u>oyó</u> de la conversión de los griegos en Antioquía, y envió a Bernabé para investigar (11:22-26)
    *Bernabé vendió su tierra y la dio el dinero a los apóstoles para ser usado en el ministerio (Hechos 4:36-37)
    *Bernabé había ayudado y defendido a Saulo (Pablo) después de su conversión (Hechos 9:26-27)
    *Bernabé era conocido como un "varón bueno, y lleno del Espíritu Santo y de fe." (Hechos 11:24)
    A.   Él vio la <u>gracia</u> de Dios sobre los nuevos creyentes (23)
    B.   El ministerio lo <u>alegró</u> (23)
    C.   Él los exhortó a <u>permanecer</u> fiel al Señor (23)
       *Muchas personas fueron añadidas al Señor por medio de su aliento
    D.   Él <u>viajó</u> a Tarso y trajo a Saulo a Antioquía (25-26)
       1.   Ellos ministraron juntos en Antioquía por un año
       2.   Ellos enseñaron a muchos
       3.   Los creyentes fueron llamados por primera vez "cristianos" en Antioquía en ese momento

IV. La iglesia en Antioquía tomó a la primera <u>ofrenda</u> misionera de amor para los creyentes en Judea (11:27-30)
- A. El profeta llamado <u>Agabo</u>, de Jerusalén, vino a Antioquía (27-28)
  1. Él profetizó basado en la revelación del <u>Espíritu</u> <u>Santo</u>
  2. Él profetizó que habría una gran <u>hambre</u> en todo el mundo
  *La profecía se cumplió en los días de Claudio César
- B. Los discípulos (creyentes gentiles) <u>enviaron</u> una ofrenda para ayudar a los creyentes en necesidad (11:29-30)
  1. Ellos dieron según su propia <u>habilidad</u>
  2. Ellos estaban decididos a proporcionar <u>alivio</u> a los creyentes
  3. Ellos siguieron con su determinación <u>enviando</u> su ofrenda
     a. Ellos lo enviaron a los ancianos (líderes espirituales)
     b. Ellos lo enviaron por medio de Bernabé y Saulo
     *Bernabé y Saulo viajaron a Jerusalén y fueron alli cuando Pedro fue liberado por Dios de la cárcel y caminó por la casa de la madre de Juan Marcos durante una reunión de oración y los sorprendió a todos (Hechos 12:1-24)
     *Cuando Bernabé y Saulo volvieron a Antioquía, Juan Marcos vovió con ellos (Hechos 12:25)
        **Juan Marcos era primo de Bernabé (Colosenses 4:10)

V. La iglesia en Antioquía envió los primeros "<u>misioneros</u>" al fin del mundo (13:1-4, 14:26-28)
- A. Había hombres que estaban <u>preparados</u> para participar en el ministerio (13:1-2)
  1. Ellos habían profetizando y <u>enseñando</u>
  2. Ellos ministraron al Señor <u>ayunando</u>
  3. Ellos fueron <u>guiados</u> por el Espíritu Santo
- B. Hubo una <u>obediencia</u> inmediata y cuidadosa a la dirección de Dios (13:3)
  1. Ellos escucharon cuando el Espíritu Santo <u>habló</u>
  2. Ellos escucharon a quien el Espíritu Santo había <u>escogido</u>
  3. Ellos obedecieron por enviar los misioneros con la <u>bendición</u> del Espíritu Santo (13:3)
     a. Con más oración
     b. Con más ayuno
     c. Con la imposición de manos (como símbolo de bendición y unidad)

C. Hubo <u>acuerdo</u> con Dios acerca del ministerio (13:3-4)
   1. La iglesia envió a Bernabé y a Saulo (3)
   2. El Espíritu Santo envió a Bernabé y a Saulo (4)
D. Hubo una <u>recepción</u> cuando los misioneros regresaron (14:26-28)
   1. La iglesia se unió para recibir a los misioneros
   2. Los misioneros los informaron sobre lo que Dios había hecho
      *Él proveyó la fe a los gentiles
   3. Los misioneros permanecieron por mucho tiempo con la iglesia

✎La iglesia de Antioquía estaba físicamente y espiritualmente preparada para ser una iglesia de las misiones
   ✔La ciudad era una ciudad portuaria y perfectamente situada para viajar
   ✔La iglesia estaba compuesta por creyentes gentiles (entendían las necesidades espirituales de todos los grupos de personas)
   ✔Los creyentes habían sido recién salvados, estaban creciendo espiritualmente y eran conocidos como Cristianos, seguidores de Jesucristo
   ✔Los creyentes tenían un corazón para ayudar a los creyentes en la necesidad física
   ✔La iglesia tenía un liderazgo espiritual que fue preparado y cumpliendo el ministerio
   ✔Los creyentes estaban preparados para seguir el liderazgo del Espíritu Santo

✎El ministerio de la iglesia en Antioquía continuaba a lo largo del libro de Hechos y a través de la historia mientras continuaban buscando la voluntad de Dios y enviaban a los hombres de Dios para cumplir la Gran Comisión (Hechos 15:1-31, 36-16:5, 18:22-23)

LOS FUNDAMENTOS DE LAS MISIONES
EN
EL EMPODERAMIENTO
DEL ESPÍRITU SANTO

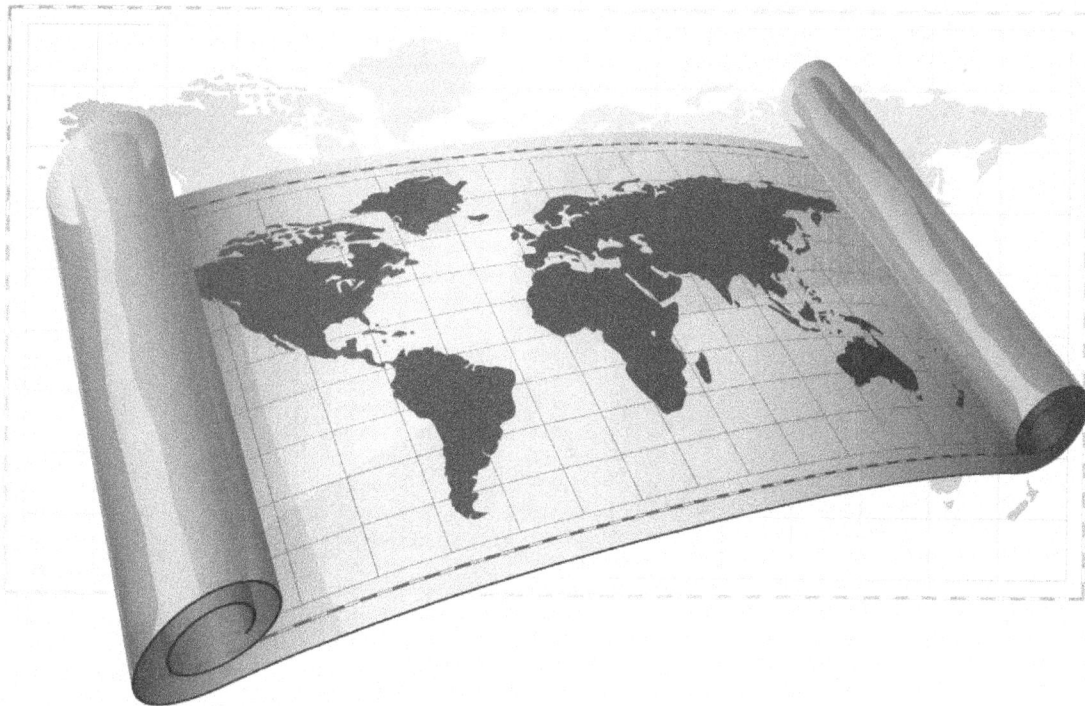

LA INTRODUCCIÓN DEL PODER DE LAS MISIONES POR EL ESPÍRITU SANTO
Hechos 1:1-12

Hechos 1:8
8 pero recibiréis poder,
cuando haya venido sobre vosotros el Espíritu Santo,
y me seréis testigos en Jerusalén,
en toda Judea, en Samaria, y hasta lo último de la tierra.

I.   Vs. 1 - Una continuación del libro de <u>Lucas</u>
        *Lucas 1:1-4

II.   Vs. 2 - La <u>ascensión</u> de Jesús en las nubes
        *Lucas 24:50-51

III.   Vs. 2-3 - La <u>enseñanza</u> de Jesús y Su poder de resurrección
        *Lucas 24:1-7

IV.   Vs. 4-5 - El <u>mandato</u> de Jesús de esperar por el Espíritu Santo
        *Lucas 3:16, 24:49b

V.   Vs. 6 - La <u>creencia</u> continua de los Apóstoles de que Jesús iba a establecer Su reino terrenal en ese tiempo
        *Lucas 22:28-30

VI.   Vs. 7-8 - La <u>enseñanza</u> de Jesús que Dios tenía más para ellos de hacer para Él, por Su poder, antes que el reino fuera establecido
        *Ser Sus testigos en todo el mundo
            Casa + País + Alrededor + Global
        *Lucas 24:46-49

VII.   Vs. 9-12 - La <u>obediencia</u> de los apóstoles al mandato de Jesús de ir a Jerusalén
        *Lucas 24:50-53

EL PODER DEL ESPÍRITU SANTO EN LAS MISIONES

Hechos 1:2, 5, 8
2 hasta el día en que fue recibido arriba,
después de haber dado mandamientos por el Espíritu Santo
a los apóstoles que había escogido;
5 Porque Juan ciertamente bautizó con agua,
mas vosotros seréis bautizados con el Espíritu Santo dentro de no muchos días.
8 pero recibiréis poder,
cuando haya venido sobre vosotros el Espíritu Santo,
y me seréis testigos en Jerusalén, en toda Judea, en Samaria,
y hasta lo último de la tierra.

I. La <u>promesa</u> del poder del Espíritu Santo (1:2, 5, 8a)
   A. Él vendría a través de un <u>bautismo</u> (inmersión) espiritual
   B. Él traería el <u>poder</u> sobrenatural
   C. Él vendría <u>pronto</u>

II. El <u>propósito</u> del poder del Espíritu Santo (1:8)
   A. Para ayudar a los creyentes a ser testigos del <u>Señor</u>
   B. Para ayudar a los creyentes a testificar en
      1. <u>Jerusalén</u> (ciudad natal)
      2. <u>Judea</u> (país de origen)
      3. <u>Samaria</u> (región de origen)
      4. La <u>última</u> parte de la tierra (global)

III. La <u>presencia</u> del poder del Espíritu Santo (2:1-4)
   A. Cuando los creyentes estaban <u>unidos</u> (1)
   B. Cuando los creyentes estaban <u>llenos</u> del Espíritu Santo (2-4)

IV. La <u>práctica</u> del poder del Espíritu Santo
   A. En <u>Jerusalén</u>
      1. Hechos 2:1-41 - Él dio la capacitad de las lenguas y a Pedro para predicar (2:1-41), y fue prometido a todos los creyeron en Jesucristo (2:38-39)
      2. Hechos 4:8-14, 31, 5:26-33 - Él dio el denuedo para testificar delante de los líderes judíos y para predicar

3. Hechos 6:8-7:60 - Él dio el denuedo a Esteban para predicar y morir para Cristo
B. En Judea
1. Hechos 8:26-39 - Él dirigió a Filipe a evangelizar el eunuco etíope en camino a Gaza desde Jerusalén
2. Hechos 8:40 - Él llevó a Filipe a evangelizar en Azoto y todas las ciudades hasta Cesarea
3. Hechos 9:1-17 - Él fue recibido por Pablo en Demasco
C. En Samaria
1. Hechos 8:14-25 - Él fue recibido por los creyentes samaritanos por la oración y las manos de Pedro y Juan
D. La última parte de la tierra
1. Hechos 10:1-48 (11:1-18) - Él dirigió a Pedro a predicar en Jope, y fue recibido por Cornelio y a los otros creyentes en su casa
2. Hechos 11:19-28 - Él reveló a Agabo que sería un gran hambre cuando él estaba en Antioquía
3. Hechos 13:1-14:28 - Él envió y guió a los misioneros Bernabé y Saulo (Pablo) desde Antioquía en el primer viaje misionero
4. Hechos 15:1-32 - Su presencia fue identificada como una defensa de la salvación de los gentiles
5. Hechos 15:40-18:22 - Él guió a los misioneros Pablo y Silas en el segunda viaje misionero
6. Hechos 18:23-28:31 - Él guió a los misioneros Pablo, Timoteo, y Erasto en el tercer viaje misionero y en Roma

LA EXHIBICIÓN DEL PODER DEL ESPÍRITU SANTO EN LAS MISIONES

Hechos 1:8
8 pero recibiréis poder,
cuando haya venido sobre vosotros el Espíritu Santo,
y me seréis testigos en Jerusalén, en toda Judea, en Samaria,
y hasta lo último de la tierra.

*Poder = Dúnamis (Strong #1411) - *"'fuerza (lit. o fig.); espec. poder milagroso ... eficacia, fuerza, impetuoso, maravilla, milagro, capacidad, dar, poder, poderosamente, potencia, potestad."*
   *Lucas 24:46-49 - Jesús promete poder del cielo para que los creyentes sean testigos a través de la ayuda del Espíritu Santo

I. El poder y la claridad del predicador
    A. Hechos 2:1-41 (4) - Pedro en el día de <u>Pentecostés</u>
        *Las lenguas eran parte de la prueba y la claridad del Evangelio (también en 2:4-Judios, 10:45-46-Gentiles, 19:6-seguidores de Juan el Bautista)
    B. Hechos 4:1-13 (8) - Pedro ante los <u>líderes</u> judíos en Jerusalén
    C. Hechos 6:8-7:60 (6:8, 7:55) - Esteban predicó delante de los <u>judíos</u> antes de ser martirizado

II. La permanencia de nuevos creyentes
    A. Hechos 2:38-47 (38-39) - <u>Prometido</u> como un don a los 3000 nuevos creyentes en Pentecostés (judíos y prosélitos)
        *Esto produce unidad y comunión
    B. Hechos 8:14-17 (15) - Los nuevos creyentes en <u>Samaria</u> (por las manos de Pedro y Juan) (Samaritanos)
    C. Hechos 9:17 - <u>Pablo</u> en el hogar de Judas (por las manos de Ananías)
    D. Hechos 10:44-47 (44-45), 11:15-17 - <u>Cornelio</u> y los de su casa escuchando a Pedro (gentiles)
    E. Hechos 15:7-11 (8), 28 - Pablo testificó que los <u>gentiles</u> recibirían al Espíritu Santo tal como los judíos lo habían hecho
    F. Hechos 19:1-6 - Los 7 <u>discípulos</u> de Juan el Bautista por Pablo después de haber creído en Jesucristo

III. El denuedo de seguir ministrando durante la persecución
    A. Hechos 4:29-33 (31-32) - Después del <u>encarcelamiento</u> de Pedro y Juan
    B. Hechos 13:14-52 (51-52) - Después de la <u>persecución</u> de Pablo y Bernabé en Antioquía de Pisidia

IV. Las ofrendas fueron recibidas
    A. Hechos 5:1-10 (3) - <u>Ananías</u> y <u>Safira</u> retuvieron parte de su ofrenda y se mintieron al Espíritu Santo

V. La selección de los diáconos
    A. Hechos 6:1-7 - Los Apóstoles pidieron por hombres <u>llenos</u> por el Espíritu Santo

VI. La dirección fue dada para ministrar o no ministrar en lugares específicos
    A. Hechos 8:29-39 (29, 39-40) - <u>Felipe</u> fue guiado al eunuco Etíope y para ministrar en otras ciudades
    B. Hechos 10:1-11:18 (10:19-20, 11:12) - <u>Pedro</u> fue guiado para ir a Cornelio (un Gentil)
    C. Hechos 16:6-7 - <u>Pablo</u> fue impedido de ministrar en Asia y Bitinia
    D. Hechos 20:22-23, 21:4, 11 - <u>Pablo</u> fue animado que no fuera a Jerusalén porque sería perseguido y encarcelado

VII. La edificación y fortalecimiento de las iglesias
    A. Hechos 9:31 - El <u>consuelo</u> y el <u>crecimiento</u> de la iglesia después que la persecución de Saulo (Pablo) fue terminada
    B. Hechos 11:22-24 - El <u>crecimiento</u> de la iglesia debido al ministerio de Bernabé (quien estaba lleno del Espíritu Santo)

VIII. La advertencia de futuras dificultades en el ministerio
    A. Hechos 11:27-30 (28) - El profeta Agabo profetizó acerca de la <u>hambre</u> en todos los partes
    B. Hechos 20:23, 21:4, 11 - Varios profetizaron acerca del <u>peligro</u> si Pablo fuera a Jerusalén

IX. Los ministros enviados como misioneros
    A. Hechos 13:1-4 (2-4) - Barnabé y Saulo (Pablo) fueron <u>enviados</u> por la iglesia en Antioquía

X. La confrontación de aquellos que causan daño al ministerio
   A. Hechos 13:6-12 (9-10) - Pablo enfrentó a <u>Barjesús</u> (Elimas)

XI. Los pastores fueron establecidos en el ministerio
   A. Hechos 20:17-38 (28) - Los pastores de <u>Éfeso</u>

La Confianza en el Poder Continuo del Espíritu Santo para las Misiones

Hechos 1:8
8 pero recibiréis poder,
cuando haya venido sobre vosotros el Espíritu Santo,
y me seréis testigos en Jerusalén, en toda Judea, en Samaria,
y hasta lo último de la tierra.

I.   El poder presente (Pedro - Hechos 10)
    A.   Reconocer la dirección de Dios en la planificación del ministerio (9-22)
    B.   Reconocer la provisión de Dios para hacer el ministerio (1-8, 23-33)
    C.   Reconocer la presencia de Dios para cumplir el ministerio y producir frutos verdaderos (34-48)

II.   El poder pasado (Pedro - Hechos 11)
    A.   Recordar que el ministerio comienza con la dirección de Dios (1-10)
    B.   Recordar que el ministerio es realizado por la provisión de Dios (11-14)
    C.   Recordar que el fruto del ministerio es producido por Dios (15-17)

III. El poder futuro (Pedro y Juan después de que fueron encarcelados - Hechos 13-14)
    A.   Depende de la dirección de Dios para el nuevo ministerio (13:1-2)
    B.   Depende de la provisión de Dios para el nuevo ministerio (13:3-4)
    C.   Depender de la producción del fruto de Dios en el nuevo ministerio (14:27)

LOS FUNDAMENTOS DE LAS MISIONES EN EL LIBRO DE HECHOS

EL MINISTERIO DE LOS CREYENTES A TRAVÉS DEL PODER DEL ESPÍRITU SANTO

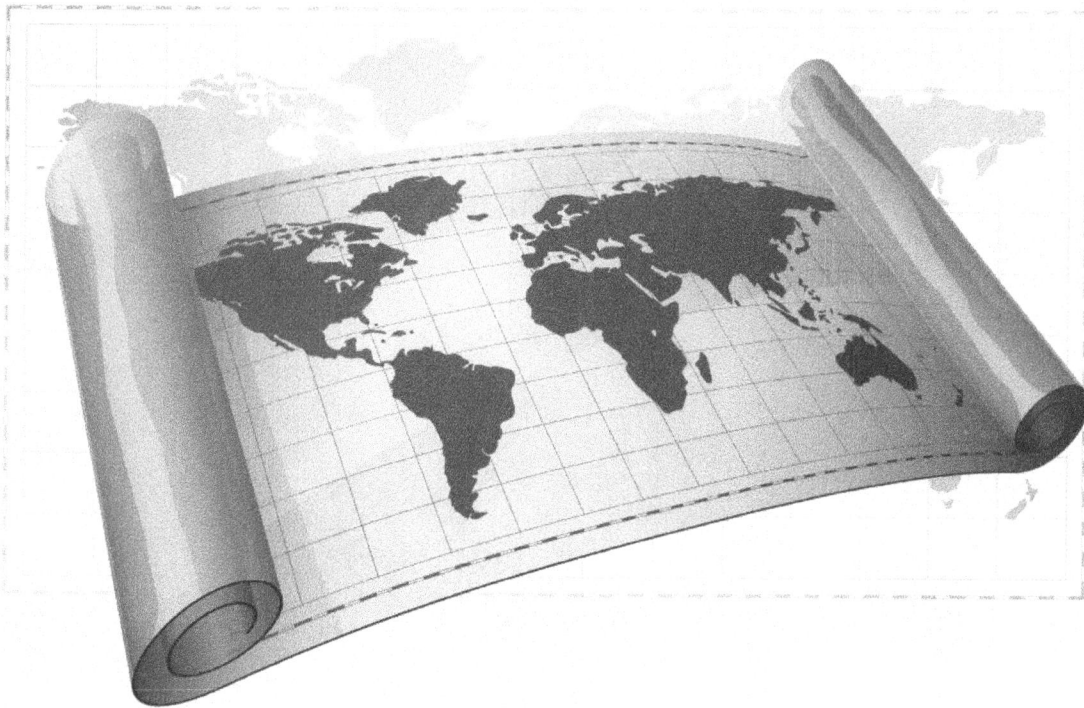

LOS PRINCIPIOS Y LAS PRÁCTICAS DE LAS MISIONES EN EL LIBRO DE HECHOS

Hechos 1:4-8 - La promesa del Espíritu Santo para los creyentes para que sean testigos de Jesucristo en Jerusalén, Judea, Samaria, y hasta lo último de la tierra

Los Creyentes Llegaron a Jerusalén

I. Hechos 2:1-47 - El Espíritu Santo <u>vino</u> sobre los que esperaban en el día de Pentecostés, y ellos comenzaron a hablar en lenguas para proclamar la verdad de Jesucristo
   A. (5) Había hombres piadosos en Jerusalén de todas las naciones bajo el cielo
   B. (6-11) Dios permitió que cada hombre oyera en su propia lengua materna
   C. (14-40) Pedro predicó un mensaje de arrepentimiento
   D. (41-47) 3000 hombres creyeron el mensaje de Pedro, fueron bautizados, y continuaron en la doctrina de los apóstoles
       *Ellos formaron la primera iglesia (la convocada reunión de creyentes)

II. Hechos 3:12-4:46 - Pedro <u>predicó</u> de Jesucristo a los judíos
    *Él les confrontó con Su muerte y resurrección
    A. (4:4) Cerca de 5000 hombres creyeron el mensaje de Pedro
    B. (4:10-12) Pedro proclamó con denuedo a los líderes judíos que la salvación se encuentra únicamente en Jesucristo
    C. (4:19-33) Los creyentes oraron por denuedo para hablar la Palabra de Dios, y fueron concedidos con el llenado del Espíritu Santo, y hablaron con mas denuedo

III. Hechos 5:12-42 - Los apóstoles hicieron <u>milagros</u> en el Pórtico de Salomón (en el templo), y multitudes llegaron a ellos desde ciudades cercanas
     A. (28) Fueron acusados de llenar Jerusalén con su doctrina
     B. (41-42) Ellos enseñaban diariamente en el templo, y no dejaban de predicar o enseñar cuando estaban amenazados

IV.   Hechos 6:1-6 - Los griegos (prosélitos gentiles) y hebreos se <u>reunieron</u> como discípulos en la misma iglesia por su fe en Jesucristo
    A.   (3-6) Los primeros diáconos fueron escogidos para satisfacer las necesidades de las viudas griegas y se entiende que eran griegos

Los Creyentes Llegaron a Judea y Samaria

I.   Hechos 8:1-4 - Los creyentes fueron <u>dispersados</u> de Jerusalén a Judea y Samaria debido a la persecución
    A.   (1) Los apóstoles permanecieron en Jerusalén
    B.   (4) Los creyentes predicaron la Palabra de Dios mientras se dispersaban

II.   Hechos 8:5-25 - Felipe <u>viajó</u> a Samaria para predicar la Palabra de Dios
*Felipe también hizo milagros mientras predicaba
    A.   (5-8) Los samaritanos recibieron a Felipe y su ministerio
    B.   (14) Pedro y Juan viajaron desde Jerusalén para verificar a los creyentes en Samaria
*Los creyentes samaritanos recibieron el Espíritu Santo por Pedro y Juan poniendo sus manos sobre ellos
    C.   (15-17, 25) Pedro y Juan ministraron en Samaria y luego predicaron la Palabra de Dios en muchas poblaciones cuando regresaron a Jerusalén

Los Creyentes Llegaron a lo Último de la Tierra
(Judíos y Gentiles)

III.   Hechos 8:26-39 - Felipe fue <u>dirigido</u> por el Espíritu Santo para evangelizar al eunuco etíope
*Se entiende que el eunuco era un prosélito judío

IV.   Hechos 8:39-40 - Felipe fue <u>movido</u> por el Espíritu Santo del eunuco etíope, y continuaba predicando en Azoto y otras ciudades en su camino a Cesarea

V.   Hechos 9:1-31 - Saulo (Pablo) se <u>convirtió</u> al cristianismo desde el judaísmo en su viaje a perseguir a los creyentes en Damasco
  A.   (15-16) Él fue llamado a llevar el nombre de Jesús delante de los gentiles, reyes, e Israel

VI.   Hechos 10:1-48 - Pedro <u>visitó</u> a Cornelio en su casa para <u>predicarle</u> a Jesucristo
  A.   (1-20) Pedro tuvo una visión especial de Dios para ayudarle a aceptar la salvación de los gentiles
  B.   (21-43) Pedro predicó la remisión del pecado para todos por creer en Jesucristo
    *(34-43) Pedro dijo que Jesús les mandó a predicar y testificar por la Gran Comisión
  C.   (44-48) Cornelio y la gente en su casa recibieron el Espíritu Santo mientras escuchaban y creían en la enseñanza de Pedro

VII.   Hechos 11:1-18 - Pedro <u>defendió</u> la salvación de los gentiles a creyentes judíos
  A.   (16-18) Los creyentes judíos reconocieron que los gentiles podían ser salvos por medio de Jesucristo debido a la venida del Espíritu Santo sobre ellos

VIII.   Hechos 11:19 - Los creyentes Judíos que fueron esparcidos por la muerte de Esteban originalmente <u>predicaron</u> la Palabra de Dios sólo a los judíos
  *Ellos predicaron en Fenicia, Chipre, y Antioquía

IX.   Hechos 11:20-26, 12:25 - Algunos de los creyentes de Chipre y Cirene viajaron a Antioquía y <u>predicaron</u> a Jesús como Señor a los griegos (gentiles)
  A.   (21) Muchos griegos (gentiles) creyeron en Jesucristo en Antioquía
  B.   (22-24) Los creyentes judíos de Jerusalén enviaron a Bernabé hasta Antioquía para investigar el avance del Evangelio
  C.   (25-26) Bernabé buscó a Saúlo de Tarso, y lo llevó a Antioquía
  D.   (26) Los creyentes fueron llamados "cristianos" primero en Antioquía
  E.   (27-30) Los creyentes gentiles enviaron a Bernabé y a Saúlo a los creyentes judíos en Jerusalén con una ofrenda benevolente para ayudar con sus necesidades económicas
    *Esta ofrenda podría ser considerada la primera ofrenda misionera
  F.   (12:25) Juan Marcos regresó a Antioquía con Bernabé y Saulo

X. Hechos 13:1-14:28 - El primer viaje misionero de Saulo (Pablo) con Bernabé para <u>predicar</u> la Palabra de Dios
  A. (13:1-4a) B & P fueron enviados desde la <u>iglesia</u> en Antioquía
     *Una iglesia compuesta de creyentes griegos (gentiles)
     1. Habían estado sirviendo como liderazgo espiritual en la iglesia
     2. Fueron dirigidos por el Espíritu Santo para ir
     3. Fueron reconocidos, orados, y enviados desde la iglesia y el Espíritu Santo

El Ministerio de Evangelizar a los Perdidos

  B. (13:4b-14:25) B y P viajaron a ciudades <u>gentiles</u> para predicar la Palabra de Dios, el Evangelio
     *Chipre, Salamina, Pafos, Perge en Pamfilia, Antioquía de Pisidia
     1. (13:5, 14-15, 42-43, 46-48, 14:1) Ellos predicaron primero a los judíos en cada ciudad antes de ir a los gentiles
     2. (13:5,13) Ellos añadieron a Juan Marcos a su equipo por un corto tiempo, hasta que los dejó y regresó a su ciudad natal, Jerusalén

El Ministerio de Edificar a los Creyentes

     3. (14:21-25) Ellos confirmaron y exhortaron a los creyentes y establecieron el liderazgo de la iglesia en las ciudades que habían visitado anteriormente, al regresar a Antioquía
  C. (14:26-28) B y P <u>regresaron</u> a Antioquía después de su viaje
     1. (26-27a) La iglesia se reunió para estar con ellos y escuchar su informe del ministerio
     2. (27b) Ello compartieron lo que Dios había hecho con ellos cuando abrió la puerta de la fe para los gentiles
     3. (28) Ellos se quedaron por "mucho tiempo" con la iglesia en Antioquía

XI. Hechos 15:1-31 - Bernabé y Pablo defendieron a los creyentes gentiles en Jerusalén
  A. (1-2a) Los creyentes judíos de Judea intentaron <u>forzar</u> a los gentiles a seguir las <u>costumbres</u> judías de las cuales B y P no estaban de acuerdo

B. (2b-29) Ellos fueron enviados con otros creyentes de Antioquía a los apóstoles y el liderazgo de la iglesia en Jerusalén para resolver el dispute
   1. (3) Ellos compartieron el testimonio de los creyentes gentiles con las iglesias en su camino a Jerusalén
   2. (4) Ellos fueron bien recibidos por la iglesia en Jerusalén, y dieron testimonio de lo que Dios había hecho con ellos, y la conversión de los gentiles
   3. (5-31) Los apóstoles y los líderes espirituales se reunieron para discutir la conversión de los gentiles
     a. (6-11) Pedro dio testimonio de la conversión de los gentiles con Cornelio y que habían recibido el Espíritu Santo
     b. (12) B y P dieron testimonio de la obra de Dios con los gentiles a través de su ministerio
     c. (13-21) Jacobo presentó un argumento del Antiguo Testamento de Amós 9:11-12 para los creyentes gentiles
     d. (22-29) Toda la iglesia de Jerusalén estaba de acuerdo en que los gentiles no necesitaban seguir las costumbres o leyes judías para ser salvos, sino que enviaron una carta para instruirlos a vivir vidas separadas de la mundanalidad y el paganismo
C. (30-35) La iglesia en Jerusalén envió a B y P de regreso a Antioquía con una carta de instrucción, que fue dirigida por el Espíritu Santo, con Judas y Silas como representantes de la iglesia
   1. Judas y Silas ministraron a los creyentes gentiles por un tiempo
   2. Judas regresó a Jerusalén, pero Silas permaneció en Antioquía
   3. B y P continuaron en Antioquía enseñando y predicando la Palabra de Dios

XII. Hechos 15:36-18:23 - El segundo viaje misionero de Pablo con Silas

El Ministerio de Edificar a los Creyentes

A. (15:36) Pablo quería viajar con Bernabé para confirmar a los santos en las ciudades con las que había establecido las iglesias
B. (15:37-40) Pablo y Bernabé tuvieron una desacuerdo acerca de llevar a Juan Marcos consigo ellos y decidieron no viajar juntos
C. (15:41) Pablo escogió a Silas para viajar consigo mientras confirmaban las iglesias en Siria y Cilicia

D. (16:1-3) P y S agregaron a <u>Timoteo</u> a su equipo de ministerio en Derby y Listra

E. (16:4-5) P y S viajaron a las ciudades que Pablo había viajado <u>anteriormente</u> y declararon la enseñanza dada a los gentiles por los apóstoles y el liderazgo espiritual en Jerusalén, y las iglesias aumentaron

El Ministerio de Evangelizar a los Perdidos

F. (16:6-9) El <u>Espíritu</u> <u>Santo</u> les impidió a P y S a predicar la Palabra de Dios en Asia y Bitinia para que viajaran a Troas

G. (16:10-40) Pablo recibió un sueño que un hombre de <u>Macedonia</u> le pidió que viniera, y ellos viajaron a la ciudad principal, de Filipos
   *El Llamamiento a Macedonia
   1. (14-15) Pablo se encontró a Lidia, vendedora de púrpura, una de las mujeres que estaba orando al lado del río en el día de reposo, ella creyó en las enseñanzas de Pablo, y les pidió que se alojara en su casa
   2. (16-24) P & S fueron acusados de molestar a la ciudad por su enseñanza, estaban golpeados y puestos en la carcel
   3. (25-26) P & S cantaron a medianoche en la cárcel y fueron librados por un terremoto de Dios
   4. (27-34) El carcelero de Filipenses fue salvo y bautizado, junto con su casa

H. (17:1-10a) P y S viajaron a <u>Tesalónica</u>
   1. (1-4) Pablo habló por tres semanas en la Sinagoga "como acostumbraba," y judíos y gentiles creyeron en Jesucristo
   2. (5-9) Algunos judíos no creyeron y los acusaron de "trastornan el mundo entero"
   3. (10a) Los creyentes enviaron a Pablo fuera del pueblo debido a la persecución

I. (17:10b-14) P y S viajaron a <u>Berea</u>
   1. (10) Ellos entraron en la sinagoga para enseñar
   2. (11) Aquellos que estaban en la sinagoga de Berea eran más nobles que los de Tesalónica, porque escudriñaron las Escrituras (A.T.) para verificar la enseñanza de Pablo
   3. (12) Muchos judíos y gentiles creyeron
   4. (13-14) Pablo fue enviado fuera del pueblo por causa de la persecución, pero Silas y Timoteo se quedaron por un tiempo

J.   (17:15-34) Pablo viajó (solo) a <u>Atenas</u>

    1.   (15) Él mandó a Silas y a Timoteo para que vinieran a él rápidamente

    2.   (16-34) Él se enardecía en su espíritu para hablar en la sinagoga y la plaza, y fue pedido a hablar públicamente por algunos filósofos de Atenas

       a.   (22-33) Él predicó sobre el único Dios verdadero en el Areópago

       b.   (34) Algunos creyeron a Pablo y lo siguieron

K.   (18:1-17) Pablo viajó (solo) a <u>Corinto</u>

    1.   (2-3) Él se encontró con Aquila y Priscila (judíos) debido a su oficio

    2.   (4) Él discutió en la sinagoga cada día de reposo y persuadió a judíos y gentiles

    3.   (5) Silas y Timoteo vinieron de Macedonia para unirse con Pablo

    4.   (6) Cuando su predicación de Jesús como el Cristo fue rechazada por los judíos, se volvió para llegar a los gentiles

    5.   (7-8) Él usó la casa de Justo, que estaba junto a la sinagoga para continuar su ministerio

       a.   Crispo, el principal de la sinagoga, y su casa, creyeron

       b.   Muchos Corintios creyeron

    6.   (9) Él fue dado seguridad de Dios en un sueño que continuara predicando con denuedo porque Dios tenía mucha gente en Corinto, y continuó allí tres años y medio

    7.   (12-17) Él fue acusado por Galión de enseñar contra la ley

L.   (18:18-21) Pablo viajó con Aquila y Priscila a <u>Éfeso</u>

    1.   (18, 20-21a) Él se quedó en Éfeso porque había querido llegar a Jerusalén porque se había afeitado la cabeza y hecho un voto

    2.   (19a) Él enseñó en la sinagoga

    3.   (19b) Él se comprometió a regresar a Éfeso si era la voluntad de Dios

M.   (18:22-23a) Pablo viajó a <u>Antioquía</u>

    1.   Priscila y Aquila se quedaron en Éfeso

El Ministerio de Aquila y Priscila y Apolos

✎ (18:24-26) Aquila y Priscila ministraron en Éfeso
- ✔ Ellos conocían a Apolos, un maestro ferviente, y lo instruyeron en la enseñanza de Jesucristo, ya que sólo había conocido y seguido el bautismo de Juan el Bautista

✎ (18:27-19:1) Apolos viajó a Acaya
- ✔ Los creyentes en Éfeso le escribieron una carta de recomendación (18:27)
- ✔ Él ayudó a los creyentes en Acaya por mostrar que Jesús era el Cristo (18:28)
- ✔ Él ministró específicamente en Corinto (19:1)
    *I Corintios 3:4-6

XIII. Hechos 20:1-21:20 - El tercer viaje misionero de Pablo

El Ministerio de Edificar a los Creyentes

A. (20:1-2a) Pablo viajó a <u>Macedonia</u>
1. El exhortó a los creyentes
B. (20:2b-3a) Pablo viajó a <u>Grecia</u>
1. Él permaneció en Grecia durante tres meses porque los judíos le esperaban
C. (20:3b-38) Pablo viajó (con varios creyentes) al regresar a <u>Macedonia</u>
1. Él predicó a los creyentes mientras viajaba (7-15)
D. (20:16-26:20) Pablo viajó a <u>Jerusalén</u>
1. (20:16-38) El llamó al liderazgo de la iglesia de <u>Éfeso</u> a reunirse con él en Mileto para que pudiera enseñarles
   a. (20:18-27, 33-35) Él relató su dedicación al ministerio
   b. (20:28-32) Él les exhortó a no apartarse de la Palabra de Dios como ellos serían confrontados por aquellos que causarían la división
   c. (20:33-38) Él oró con ellos y se entristecieron mucho a su partida

       d.   (20:22-23, 21:4, 11-12, 14) Se le advirtió que enfrentaría la persecución en Jerusalén
          (1) (20:22-23, 21:4, 11-12, 14) El Espíritu Santo advirtió de la persecución
          (2) (20:24, 21:5, 13) Él declaró que estaba dispuesto a morir por Cristo
   2. (21:17-20) Él fue alegremente recibido por los creyentes en Jerusalén
       a. (21:18-19) Él informó a Jacobo y a los líderes espirituales de "las cosas que Dios había hecho entre los gentiles por su ministerio."
       b. (21:20) Jacobo y los líderes espirituales le informaron de miles de judíos que habían creído

XIV. Hechos 21:21-26:31 - Los encarcelamientos de Pablo y el ministerio final
   A. (21:21-30) Él honró a la cultura Judía, pero fue acusado falsamente por los judíos
      *Los judíos reconocieron que Pablo había enseñado a los gentiles que no necesitaban seguir la ley judía
   B. (21:31-26:32) Él fue llevado bajo custodia romana
      1. (22:1-21) Él se defendió ante la multitud judía
         *Él declaró que Dios lo había enviado a los gentiles
      2. (22:30-23:13) Él fue llevado ante los líderes judíos
      3. (23:14-35) Él fue llevado a Claudio Lisias en secreto para protegerlo de los judíos
      4. (24:1-9) Él fue acusado por Tértulo antes de Félix
      5. (24:10-26) Él testificó delante de Félix y su esposa (una judía)
      6. (24:27-25:12) Él testificó delante de Festo
      7. (25:13-26:32) Él testificó delante de Agripa y Festo
         a. (26:17-18) Él dio testimonio de que Dios había prometido librarle "de tu [su] pueblo, y de los gentiles, a quienes ahora te [le] envío"
         b. (26:19-20) Él testificó que él era fiel a su vocación
   C. (27:1-28:31) Pablo fue enviado a Roma bajo guardia
      1. (27:23-25) Él se le prometió la oportunidad de testificar ante César
      2. (28:1-10) Él oró y sanó a Publio, un hombre principal de la gente de Melta después de naufragio
      3. (28:15) Él recibió denuedo de los creyentes que lo visitaban

4. (28:16-31) Él ministró desde su propia casa en <u>Roma</u>
   a. (17-29) Él llamó a los Judíos principales para que él les pudiera testificar
   b. (30-31) Él recibió a creyentes en su casa para ministrar a ellos con toda confianza

Filipenses 1:12-14
12 Quiero que sepáis, hermanos,
que las cosas que me han sucedido,
han redundado más bien para el progreso del evangelio,
13 de tal manera que mis prisiones se han hecho patentes en Cristo
en todo el pretorio, y a todos los demás.
14 Y la mayoría de los hermanos,
cobrando ánimo en el Señor con mis prisiones,
se atreven mucho más a hablar la palabra sin temor.

LOS FUNDAMENTOS DE LAS MISIONES EN LAS EPÍSTOLAS PAULINAS

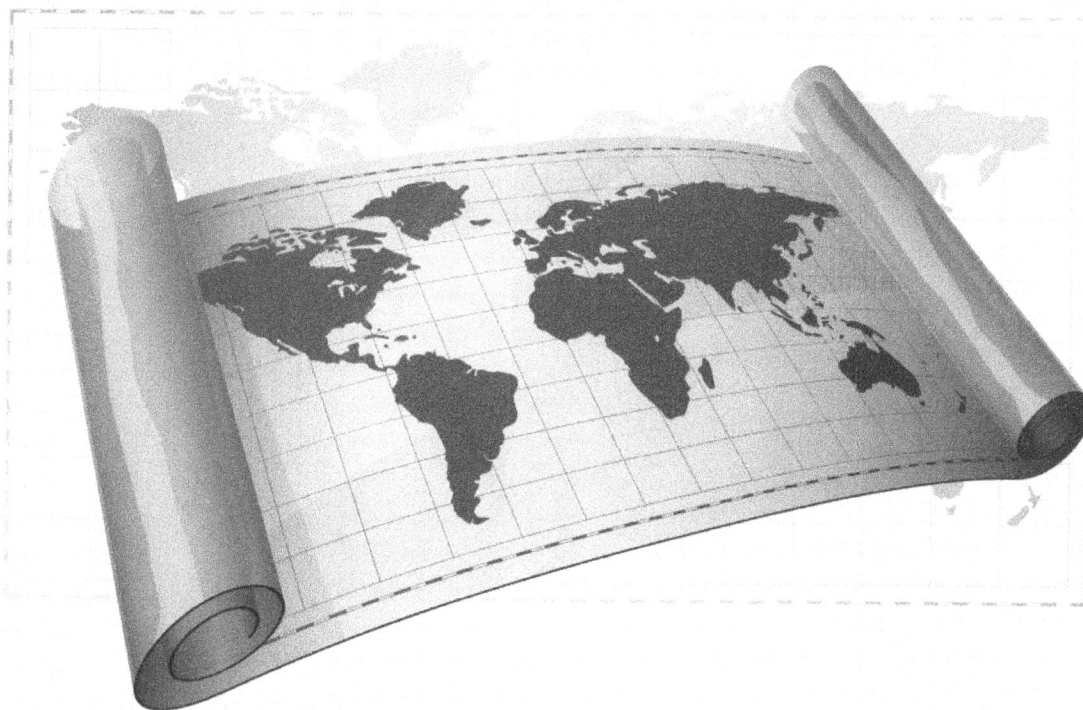

UN EJEMPLO DEL MINISTERIO DE UN MISIONERO
I Tesalonicenses 1:5-4:1

I Tesalonicenses 1:2-4
2 Damos siempre gracias a Dios por todos vosotros,
haciendo memoria de vosotros en nuestras oraciones,
3 acordándonos sin cesar delante del Dios y Padre nuestro
de la obra de vuestra fe,
del trabajo de vuestro amor
y de vuestra constancia en la esperanza en nuestro Señor Jesucristo.
4 Porque conocemos, hermanos amados de Dios, vuestra elección;

I. El ministerio del Apóstol Pablo
    *Hechos 17:1-10 indica que Pablo tenía solamente tres semanas para cumplir su ministerio en Tesalónica
    A. Él predicó el Evangelio y su significado (1:5, 2:2, 4,8-9) *(Hechos 17:1-3)*
        1. El Evangelio no fue simplemente palabras (1:5)
        2. El Evangelio fue presentado con poder (1:5)
        3. El Evangelio fue dirigido por el Espíritu Santo (1:5)
        4. El Evangelio fue validado por su manera de vivir (1:5)
    B. Su ministerio era de valor (1:9-10, 2:1) *(Hechos 17:4)*
        1. La gente recibió su enseñanza acerca del Dios viviente (9-10)
        2. La gente fue librado de la ira de Dios (10)
    C. Él ministró fielmente incluso después de la tribulación (2:2) *(Hechos 17:5-10)*
        1. Él había sufrido en Filopos antes de llegar a Tesalónica
        2. Él tenía mucha oposición mientras predicaba en Tesalónica
    D. Su mensaje era puro (2:3-6)
        1. Él no tenía error en su mensaje (2:3)
        2. Él no tenía impureza en su mensaje (2:3)
        3. Él no tenía engaño en su mensaje (2:3)
        4. Él habló según el permiso y el denuedo de Dios (2:4, 6)
            a. Él no trató de complacer a los hombres
            b. Él no buscó la gloria (aprobación) de los hombres
                *Él no se preocupó ni siquiera por la aprobación del creyente de Tesalónica

5.   Él no usó palabras <u>lisonjeras</u> en su mensaje (2:5)
6.   Él no usó <u>avaricia</u> en su mensaje (2:5)

E.   Él enseño los principios bíblicos para la vida Cristiana (haciendolos discípulos) (2:12, 4:1, 3:4) *(Hechos 17:4)*
   1.   Él les enseñó a <u>andar</u> digno del nuevo llamamiento por Dios, y de una manera que agradaría a Dios (2:12, 4:1)
   2.   Fue <u>honesto</u> acerca del sufrimiento de la vida cristiana (3:4)

I Tesalonicenses 2:4-5
4 ... no como para agradar a los hombres,
5 ... Dios es testigo;

F.   Su manera de ministerio era <u>amorosa</u> (2:7-11, 3:1-13)
   1.   Él era <u>tierno</u> como una nodriza (2:7)
   2.   Él estaba dispuesto a <u>darles</u> su propia vida (2:8)
   3.   Él los consideraba <u>queridos</u> (2:8)
   4.   Él no quería ser una <u>carga</u> para ellos (2:9)
       *Él trabajaba noche y día para no ser una carga
   5.   Él compartió el <u>mensaje</u> más importante con ellos, el Evangelio de Dios (2:9)
   6.   Él vivió <u>piadosamente</u> cuando estaba con ellos (2:10)
       a.   Él era santo
       b.   Él era justo
       c.   Él era irreprensible
   7.   Él los trató como un <u>padre</u> a su hijo (2:11)
       a.   Con exhortación
       b.   Con consolación
   8.   Él se <u>preocupó</u> y <u>oró</u> por ellos cuando estuvo ausente de ellos (3:1-13)

G.   Su preocupación era <u>continua</u> (3:1-5)
   *Incluso después de la partida de los creyentes, él continuó siendo agobiado por ellos
   1.   Él envió un mensajero <u>fiel</u>, Timoteo, en su lugar (1-2, 5)
   2.   Él envió un mensajero para <u>confirmarlos</u> (2)
   3.   Él envió un mensajero para <u>exhortarlos</u> en la fe debido a sus aflicciones (2-4)
   4.   Él envió un mensajero para saber de su <u>fe</u> (5)
   5.   Él envió un mensajero para asegurarse que no habían sido <u>tentados</u> (5)

6. Él envió un mensajero para asegurarse que el ministerio no fue en vano (5)

H. Sus oraciones fueron <u>consistentes</u> (3:11-13)

*Él comenzó su carta mencionando sus oraciones (1:2-4)

*Él oró de noche y de día

1. Él oró por la <u>dirección</u> de Dios para viajar para estar con ellos (11)
2. Él oró para que Dios los hiciera crecer y abundar en amor unos por los <u>otros</u> (12)

    *Como su amor había crecido para ellos
3. Él oró para que Dios los hiciera crecer y abundar en amor por <u>todos</u> los hombres (12)

    *Como su amor había crecido para ellos
4. Él oró para que Dios <u>afirmara</u> sus corazones (13)

    a. Que serían <u>irreprensibles</u> delante de Dios en la venida de Jesús
    b. Que serían <u>santos</u> delante de Dios en la venida de Jesús

II. La recepción del ministerio de Pablo por los creyentes

A. Los creyentes se hicieron <u>seguidores</u> (1:6, 2:14-16) *(Hechos 17:4)*

1. De <u>Pablo</u> (el líder espiritual humano) (1:6)
2. Del <u>Señor</u> (el líder espiritual divino) (1:6)
3. De las <u>iglesias</u> de Dios que sufrieron para Dios (2:14-16)

    *Las iglesias en Judea que estaban en Jesucristo

B. Los creyentes <u>recibieron</u> la Palabra de Dios (la predicación del Evangelio y la enseñanza acerca de la vida Cristiana) (1:6, 9-10, 2:13) *(Hechos 17:4)*

1. Ellos la recibieron aunque trajera gran <u>tribulación</u> (1:6)
2. Ellos la recibieron con el <u>gozo</u> del Espíritu Santo (1:6)
3. Ellos la recibieron para que sus vidas <u>cambiaran</u> de servir los ídolos a servir al Dios viviente (1:9)
4. Ellos la recibieron tanto que <u>esperaban</u> la venida de Jesucristo (1:10)
5. Ellos no la recibieron como palabra de hombres, sino como la <u>verdad</u> (2:13)
6. Ellos no la recibieron como palabra de los hombres, sino como la Palabra de <u>Dios</u> (2:13)

    *Ellos permitieron que la Palabra de Dios trabajara en ellos

C. Los creyentes <u>compartieron</u> la Palabra de Dios (1:7)

1. Sus palabras llegaron a <u>Macedonia</u> y <u>Acaya</u>

III. Los resultados del ministerio de Pablo
    A. Los resultados en las vidas de los creyentes
        1. Ellos eran <u>ejemplos</u> para otros creyentes (1:7)
        2. Su testimonio fue mencionado de manera tan <u>clara</u> y <u>común</u> que Pablo no necesitaba predicar tanto (1:8)
          *Otros sabían del gran cambio que había pasado en sus vidas
        3. Ellos eran el <u>orgullo</u> de Pablo en la presencia de Jesucristo (2:19-20)
          a. Su esperanza
          b. Su gozo
          c. Su corona de que tenia gloria
          d. Su gloria
    B. Los resultados en la vida del misionero
        1. Él dio acción de <u>gracias</u> a Dios por la receptividad da la Palabra de Dios por los creyentes (2:12)
        2. Él anhelaba estar <u>con</u> los creyentes cuando se ausentaba de ellos (2:17-18)
        3. Él estaba <u>orgulloso</u> de presentar a los creyentes delante de Jesucristo (2:19-20)
        4. Él se <u>impacientó</u> en esperar saber de su bienestar físico y espiritual, y sintió la necesidad de comprobar a los creyentes (3:1-5)
        5. Se sintió <u>consolado</u> al oír de su fidelidad (3:6-7)
          *Él consuelo que recibió al conocer su fidelidad fue mayor que todo su sufrimiento y tribulación
        6. Él dio acción de <u>gracias</u> a Dios por su fidelidad en su ausencia (3:9)
          *Tenía mucha alegría
        7. Él <u>oró</u> continuamente para estar con los creyentes una vez más y por su bienestar espiritual (3:10-13)

I Tesalonicenses 3:8
8 Porque ahora vivimos,
si vosotros estáis firmes en el Señor.

EL LLAMADO UNIVERSAL PARA LAS MISIONES

Cada Epístola Paulina debe ser reconocida como una extensión de su ministerio como misionero/apóstol. Sus cartas proveen instrucción para creyentes y ministerios en su ausencia física, pero no en su ausencia ministerial. Su instrucción a sus compañeros ministros muestra su ministerio continuo de enseñanza y mentoría. Por lo tanto, la enseñanza, el trabajo, y la autoridad del Apóstol Pablo como se describe e ilustra en estas epístolas revelan patrones y ejemplos para la misión de hacer discípulos de Cristo en todo el mundo hoy en día.
* Timoteo y Tito deben ser reconocidos como misioneros guiados por el Apóstol Pablo y que sus ministerios eran una extensión del ministerio de él.

I. Todos los pecadores serán juzgados por Dios por su pecado
  A. Los pasajes prominentes
    1. Romanos 1:18-2:16, 3:9-28 - La <u>ira</u> de Dios será revelada sobre todos los que hacen la impiedad y la injusticia
      a. 1:18-21 - Ellos no tienen <u>excusa</u> porque han rechazado el conocimiento natural de Dios
      b. 1:22-32 - Ellos han <u>escogido</u> adorar a la criatura más que al Creador
      c. 2:1-2 - El <u>juicio</u> de Dios será verdadero y justo
      d. 2:3-4 - Sólo por la <u>bondad</u> y paciencia de Dios se salvan algunos
      e. 2:5-16 - Dios juzgará a <u>todos</u> según su obediencia o desobediencia, no según su nacionalidad ni religión (judío o gentil)
        (1) No hace acepción de personas (11)
        (2) Él juzgará los secretos del corazón por Jesucristo según el Evangelio (16)
      f. 3:9-23 - Toda la humanidad es <u>culpable</u> delante Dios
      g. 3:24-30 - Toda la humanidad puede ser <u>justificada</u> por la fe en Jesucristo
        (1) La nacionalidad no puede ganar ni limitar la justificación (29)
        (2) Las prácticas religiosas no pueden ganar ni limitar la justificación (30)

B. Los pasajes secundarios
1. II Tesalonicenses 1:7-10 - *Todos los que están perdidos sufrirán juicio*

II. Todas las personas, en todas las naciones pueden recibir la salvación de Dios por medio de la fe en Jesucristo
A. Los pasajes prominentes
1. Romanos 3:23-31 - Dios ofrece la justificación del pecado a través de la sangre de Jesucristo a <u>todos</u> los que creen (o sea judíos o gentiles)
   a. La justificación se basa en la <u>gracia</u> de Dios (23-26)
      (1) La gracia de la redención por Jesucristo
      (2) La gracia de propiciación por medio de la fe en la sangre de Jesucristo
      (3) La gracia de la paciencia de Dios en la remisión del pecado
   b. La justificación no se basa en la <u>calidad</u> o <u>capacidad</u> humana (27-31)
      (1) La nacionalidad no puede ganar ni limitar la justificación
      (2) Las prácticas religiosas no pueden ganar ni limitar la justificación
2. Efesios 2:1-22 - La salvación está disponible para todos los <u>judíos</u> y <u>gentiles</u> de todo tipo de estilo de vida
   a. Todos estaban <u>muertos</u> (separados de Dios) debido a su pecado (1-4)
      (1) Ellos anduvieron de acuerdo a este mundo
      (2) Ellos anduvieron de acuerdo con el príncipe y poder del aire
      (3) Ellos anduvieron de acuerdo con el espíritu de desobediencia (la carne)
   b. Todos pueden ser salvados por la <u>fe</u> (5-10)
      (1) La salvación es provista por la misericordia, amor, y gracia de Dios
      (2) La salvación provee vida espiritual por Jesucristo
      (3) La salvación es provista por Dios como un don recibido por la fe

c. Todos los que son salvos son <u>hechuras</u> de Dios (10)
   (1) Ellos estaban creados en Jesucristo
   (2) Ellos estaban creados para hacer buenas obras
       *Están ordenados por Dios que deben andar en buenas obras
d. Todos los judíos y gentiles salvados tienen <u>paz</u> a través de la cruz de Jesucristo (11-17)
   *Los gentiles son atraídos por ser unificados con los judíos a través de Jesucristo
e. Los judíos y gentiles salvados tienen <u>acceso</u> a Dios Padre por el Espíritu Santo (18)
f. Los judíos y gentiles salvados son <u>parte</u> de la casa de Dios (19)

3. I Timoteo 2:1-7 - Es la voluntad de Dios que <u>todos</u> sean salvos
   a. Él desea que <u>todos</u> conozcan la verdad (4)
   b. Él envió a Jesucristo para ser el <u>mediador</u> del hombre delante de Dios Padre (5)
   c. Él envió a Jesucristo para que fuera el <u>rescate</u> de todos los hombres (6)
   d. Él quiere que se predique el <u>mensaje</u> de Jesucristo (el Evangelio) y ha escogido a los hombres para que lo hagan (6-7)

4. Hebreos 9:11-10:18 - Jesucristo fue sacrificado (con Su sangre) para pagar por los pecados de "<u>muchos</u>"
   a. Jesucristo entró en el Lugar Santísimo para ser <u>sacrificado</u> una vez para obtener una redención eterna para los creyentes (9:11-14)
      (1) Su sangre fue derramada para limpiar la conciencia de las obras muertas
      (2) Su sangre fue derramada para que los creyentes pudieran servir al Dios vivo
   b. Jesucristo es el <u>mediador</u> de un nuevo pacto (9:15-28, 10:1-18)
      (1) Su sangre fue derramada para confirmar el pacto
      (2) Él entró en el Lugar Santísimo en el cielo para establecer el pacto
      (3) Él fue sacrificado una vez por todo pecado
          *Su pago de Su cuerpo pagó por la santificación del pecado para todos
      (4) Su pago del pecado está disponible para todos los que anticipan Su venida y tienen su salvación en Él

B. Los pasajes secundarios
1. Romanos 1:1-7 - El Evangelio es para todas las naciones basado en su fe en Jesucristo
2. Romanos 4:1-25 - La fe es requerida por ambos los judíos y los gentiles
3. Romanos 5:12-21 - Muchos tienen acceso al don de la vida eterna de Dios por medio de Jesucristo, así como muchos fueron hechos bajo pecado por Adán
4. Romanos 9:6-7, 22-23 - Dios permite que algunos que no son de Israel sean parte de Sus hijos por la fe, así como algunos de Israel a los que no se les permitirá ser hijos de Dios porque ellos intentaron de trabajar para eso
5. Romanos 10:9-13 - Todo aquel que cree en Jesucristo será salvo entre judíos o griegos (gentiles)
6. Romanos 11:1-36 - Las misiones no eliminan el plan de Dios para Israel, sino el rechazo de Israel de Dios provee una oportunidad de salvación para los gentiles por un tiempo
7. Romanos 15:1-3 - Jesucristo aceptó el reproche del pecado
8. Romanos 15:8-12 - Jesucristo es la circuncisión para los gentiles y la confirmación del Antiguo Testamento (la ley)
9. Romanos 16:25-27 - El misterio de la salvación es dado a todas las naciones para que puedan obedecerla por la fe
10. I Corintios 1:18-25 - Predicando la cruz de Jesucristo es lo que Dios ha escogido para salvar a los que son llamados
11. I Corintios 6:9-12 - Dios puede salvar a cualquier pecador y luego cambiar su vida completamente
12. Gálatas 1:3-5 - Jesús se dio a Sí mismo para los creyentes
13. Gálatas 2:1-14, 6:15 - La bendición de Dios estaba claramente puesta en la salvación de los gentiles a través de su fe en el Evangelio
14. Gálatas 3:26-29, 4:4-7 - Todos los que tienen fe en Jesucristo son hechos hijos de Dios
15. Colosenses 1:2-8,23 - La fe en el Evangelio de Jesucristo que se predica a todo el mundo produce esperanza celestial
16. Colosenses 1:26-27 - Los gentiles (todos los grupos de personas no judías) tienen la oportunidad de disfrutar de la presencia de Jesucristo
17. I Timoteo 1:14-16 - Pablo es un ejemplo de cómo la gracia de Dios es suficiente para salvar a cualquiera

18. Tito 2:11-3:8 - La gracia de Dios de salvación, amabilidad, y amor para todos los hombres ha sido demostrada, y enseña una vida pura para la gloria de Dios
19. Hebreos 2:9-10 - Jesús vino a la tierra y se hizo siervo para traer muchos hijos a la gloria
20. Hebreos 4:1-11 - El Evangelio sólo beneficia a aquellos que tienen fe
    *El Evangelio provee el presente descanso del trabajo personal (para la salvación) y el futuro descanso eterno

III. Todos los creyentes deben participar en la evangelización de los perdidos y discipular a los creyentes
  A. Los pasajes prominentes
    1. Romanos 1:8 - Los creyentes pueden ser conocidos por su <u>testimonio</u> de fe en Dios alrededor del mundo
    2. Filipenses 2:12-16a - Todos los creyentes deben ser <u>luces</u> en su mundo oscuro
      a. Cada creyente debe <u>obedecer</u> en la presencia y ausencia del liderazgo espiritual (12)
      b. Cada creyente debe <u>permitir</u> que Dios obre en y a través de su vida (13)
      c. Cada creyente debe ser una <u>luz</u> en el mundo oscuro a su alrededor (14-16)
        *Mientras viven en un mundo torcido y perverso
        (1) No deben murmurar
        (2) No deben tener contiendas
        (3) Deben ser irreprensible
        (4) Deben ser sencillos
        (5) Deben estar sin mancha
  B. Los pasajes secundarios
    1. Romanos 16:19 - El testimonio del creyente puede tener un gran impacto en el mundo que lo rodea
    2. Colosenses 4:5-6 - El creyente siempre debe usar su tiempo sabiamente y mantener un buen testimonio ante los perdidos, mientras esté listo de responder a las preguntas espirituales
    3. I Tesalonicenses 1:6-10 - Todos los creyentes pueden ser un gran testimonio espiritual y un ejemplo para todos aquellos que oigan de ellos

4. I Tesalonicenses 4:9-12 - Todos los creyentes deben tener un andar honesto con los incrédulos

LA VIDA Y EL MINISTERIO DEL MISIONERO

I.   La vida de oración del misionero
   A.   Los pasajes prominentes
      1.   Efesios 1:15-23, 3:14-21 - Un misionero debe <u>orar</u> regularmente por aquellos a quienes él ministra
         a.   Dar acción de gracias por su <u>fe</u> y <u>amor</u> (1:15-16)
         b.   Pedir que tengan sabiduría y revelación en <u>conocer</u> a Dios (1:17-23)
            (1)   Qué conozcan la esperanza de Su llamado
            (2)   Qué conozcan las riquezas de la gloria de su herencia
            (3)   Qué conozcan la grandeza del poder de resurrección de Dios que está en ellos
         c.   Pedir que sean espiritualmente <u>maduros</u> (3:14-21)
            *La petición se hace de rodillas delante Dios el Padre
            (1)   Qué sean fortalecidos en su hombre interior
            (2)   Qué Cristo esté en su corazón por su fe en Él
            (3)   Qué sean arraigados y cimentados en amor
            (4)   Qué conozcan el amor de Cristo
            (5)   Qué sean llenos de plenitud de Dios
      2.   Colosenses 1:3-14 - Un misionero debe <u>orar</u> regularmente por aquellos a quienes él ministra
         a.   Dar acción de gracias por su <u>fe</u> y <u>amor</u> (3-8)
         b.   Pedir que <u>entiendan</u> la voluntad de Dios (9)
         c.   Pedir que <u>anden</u> dignos de su Señor (10)
             (1)   Por ser fructífero
            (2)   Por ser aumentado en su conocimiento de Dios
         d.   Pedir que sean <u>fortalecidos</u> por el poder de Dios (11)
            (1)   Que tengan paciencia
            (2)   Que tengan longanimidad
         e.   Pedir que sean <u>agradecidos</u> a Dios (12-14)
            (1)   Por su participación en la herencia de los santos
            (2)   Porque han sido liberados del poder de la oscuridad
            (3)   Porque son parte del reino de Jesucristo

          (4)   Porque tienen redención y perdón de sus pecados a través de la sangre de Jesucristo

B. Los pasajes secundarios

1. Romanos 1:8-12 - Un misionero debe dar acción de gracias y orar por aquellos a quienes él ministra

2. Romanos 10:1 - Un misionero debe orar por los perdidos

3. I Corintios 1:4-9 - Un misionero debe dar acción de gracias y orar por la madurez espiritual de los creyentes

4. II Corintios 13:7-9 - Un misionero debe orar para que los creyentes no hagan el mal

5. Filipenses 1:3-11 - Un misionero debe dar gracias y orar por los creyentes

   *6-7 - Un misionero debe estar preocupado y esperar el bienestar espiritual de los creyentes cuando esté ausente

6. 1 Tesalonicenses 1:2-10 - Un misionero debe orar por aquellos a quienes él ministra

7. I Tesalonicenses 3:9-13 - Un misionero debe dar acción de gracias por los hermanos creyentes y orar por su amor continuo el uno por el otro

8. II Tesalonicenses 1:3-12, 2:13-14 - Un misionero debe orar y dar acción de gracias por los que están sirviendo

9. II Timoteo 1:3-5 - Un misionero debe dar acción de gracias y orar por los que trabajan con él en el ministerio

10. II Timoteo 4:16-18 - Un misionero debe orar por el perdón de Dios para aquellos que lo han rechazado

11. Filemón 1:4-6 - Un misionero debe dar acción de gracias por y orar por la exhibición externa de la madurez espiritual en la vida de los creyentes

II. El misionero debe ir a ministrar

A. Los pasajes prominentes

1. Romanos 10:8-21 - Un misionero es enviado a <u>predicar</u> el Evangelio para que los perdidos puedan oírlo y creer

   a. El objetivo es la <u>creencia</u> en el corazón del oyente (8-14)

   b. El método requiere que el oyente tenga la oportunidad de <u>oír</u> (14)

   c. El método requiere que un predicador <u>predique</u> al oyente (14)

   d. El método requiere que un predicador sea <u>enviado</u> a predicar (15-21)

   *No todos creerán aunque tengan la oportunidad de escuchar

2. Romanos 15:15-29 - Un misionero debe salir a <u>ministrar</u> a los perdidos y a los salvos
   a. Un misionero debe ministrar a los perdidos compartiendo el <u>Evangelio</u> (15-21)
   *Pablo predicó desde Jerusalén y por todo Ilírico, también conocido como Dalmacia, al norte de Macedonia (II Timoteo 4:10)
   b. Un misionero debe ministrar a los salvos <u>edificándolos</u> en el Evangelio (22-29)
   *Pablo estaba planeando a ministrar a los creyentes romanos después que ministró a los creyentes en Jerusalén por llevar una ofrenda para ayudar a los en necesidad

B. Los pasajes secundarios
   1. II Corintios 1:15-2:11, 12:13-19 - Un misionero debe viajar con el deseo de la comunión, y debe alentar a los creyentes en su obediencia a Dios
   *Él espera continuamente que no necesite confrontar y corregir el hacer incorrecto durante su visita
   2. II Corintios 10:16 - Un misionero puede buscar de ir a lugares y personas que aún no han oído el Evangelio
   3. Tito 3:12 - Un misionero puede viajar para proveer asistencia a otro misioneros

III. La responsabilidad del misionero de predicar
   A. Los pasajes prominentes
      1. I Corintios 1:14-25 - El propósito de un misionero es predicar la <u>cruz</u>, no el bautismo (la religión)
      *18-25 - Predicar la cruz es lo que Dios ha escogido para salvar a los que la escuchen
      2. I Corintios 2:1-8 - El método de predicar de un misionero debe ser <u>sencillo</u> y <u>centrado</u> en Dios
         a. No debe ser con palabras persuasivas de sabiduría <u>humana</u> (1, 3-4)
         b. Debe basarse en la sabiduría de <u>Dios</u> y en el poder del Espíritu Santo a presentar la verdad acerca de Jesucristo (2-8)

3. II Corintios 2:14-17, 4:1-7 - Un misionero no debe <u>corromper</u> su predicación con filosofías mundanas
   a. Un misionero debe siempre ministrar basado en la <u>misericordia</u> de Dios (2:14-16, 4:1)
   b. Un misionero debe mantener su predicación y ministerio puros de la filosofía y los métodos <u>mundanos</u> (2:17, 4:3)
   c. Un misionero debe recordar siempre que <u>dará</u> cuenta a Dios por su predicación y ministerio (4:3)
   d. Un misionero debe reconocer que los perdidos <u>pierden</u> y que Satanás <u>gana</u> si haya alguna impureza en su predicación y ministerio (4:4)
   e. Un misionero debe siempre predicar a Cristo como <u>preeminente</u> (4:5)
   f. Un misionero debe siempre servir al pueblo por amor de <u>Cristo</u> (4:5)
   g. Un misionero debe siempre apreciar el gran privilegio que tiene de <u>depender</u> en el poder de Dios para representar a Jesucristo (4:6-7)

B. Los pasajes secundarios
   1. Romanos 15:15-33 - Un misionero debe anticipar a predicar tanto a los perdidos como a los salvos
   2. I Corintios 15:1-4 - Un misionero debe predicar que el Evangelio es la muerte, sepultura, y resurrección de Jesucristo
   3. Gálatas 1:6-12 - Un misionero debe recordar que el Evangelio de Jesús es el único verdadero Evangelio
   4. Efesios 3:7-9 - Un misionero es responsable de predicar el mensaje de compañerismo con Dios a través de Jesucristo
   5. Colosenses 1:23-29 - Un misionero debe predicar, advertir, y enseñar a todo hombre para que esté completo en Jesucristo
   6. Colosenses 2:4-23 - Un misionero debe proporcionar advertencias para los creyentes para que no se confundan cuando esté ausente
   7. I Timoteo 2:6-7 - Un misionero siempre debe predicar para que otros puedan tener fe
   8. I Timoteo 3:16 - El mensaje de un misionero debe ser el de la verdadera piedad centrada en Jesucristo
   9. II Timoteo 4:5 - Un misionero debe probar su ministerio por hacer el trabajo de un evangelista
   10. Tito 1:2-3 - Un misionero debe predicar la esperanza de la vida eterna

IV. La pasión del misionero por la gente
    A. Los pasajes prominentes
        1. Romanos 9:1-5, 10:1-4 - Un misionero debe tener una <u>pasión</u> por la salvación de los perdidos
            a. Su condición perdida debe causar <u>tisteza</u> personal (9:1-2)
            b. Su condición perdida debe causar la disposición para el <u>sacrificio</u> personal (9:3-5)
            c. Su condición perdida debe causar <u>oración</u> para su salvación (10:1-4)
        2. II Corintios 11:1-4 - El misionero debe tener <u>celos</u> piadosos por las personas a las que ha llegado
            a. Él debe desear su <u>pureza</u> (1-2)
            b. Él debe estar preocupado por su <u>engaño</u> por la doctrina equivocada (3-4)
    B. Los pasajes secundarios
        1. II Corintios 1:14 (2:3, 6:12-13, 7:3, 12:15) - Un misionero debe mantener y mostrar un amor sacrifico para el pueblo de Dios
        2. Gálatas 4:15, 19 - Un misionero debe construir relaciones cercanas con los que sirve
        3. Colosenses 2:1-3 - Un misionero debe tener un amor por la gente que sirve
        4. II Timoteo 2:24-26 - Un misionero debe ser amable mientras intenta ayudar a aquellos atrapados por Satanás

V. El entrenamiento del misionero para futuros ministros
    A. Los pasajes prominentes
        1. II Timoteo 2:1-2 - Un misionero debe entrenar a hombres fieles para <u>continuar</u> el ministerio
            a. Él debe ser <u>fuerte</u> en la gracia de Dios para que pueda ser un ejemplo para los demás
            b. Él debe <u>recordar</u> y <u>seguir</u> las cosas que había aprendido
            c. Él debe <u>compartir</u> lo que ha aprendido con otros hombres fieles
            d. Los hombres fieles que ha enseñado deben <u>compartir</u> con otros lo que han aprendido
        2. Efesios 4:11-16 - Un misionero (evangelista/pastor) debe guiar a los <u>creyentes</u> a hacer el trabajo del ministerio
            a. Él debe <u>perfeccionar</u> a los creyentes - guiarlos hasta la madurez (12)

b. Él debe <u>preparar</u> a los creyentes - entrenarlos para el ministerio (12)

c. Él debe proveer <u>participación</u> para los creyentes - incluirlos en el ministerio (12-16)

  (1) Ellos deben edificarse los unos con los otros

  (2) Ellos deben ser unificados el uno con el otro

    (a) En la fe

    (b) En el conocimiento de Jesucristo

    *Para la protección espiritual y estabilidad

  (3) Ellos deben decir la verdad en el amor el uno al otro

  *Para que cada uno pueda crecer espiritualmente y así crecer juntos como un solo cuerpo

B. Los pasajes secundarios

  1. Tito 1:4-9 - Un misionero debe poner en orden la iglesia local

  *Esto incluye buscar y establecer liderazgo espiritual (4)

VI. La fidelidad del misionero

A. Los pasajes prominentes

  1. I Corintios 4:1-7 - Un misionero es el <u>mayordomo</u> de Dios

    a. Él debe estar <u>fiel</u> en su mayordomía (1-2)

    b. Él será <u>juzgado</u> por Dios basado en su fidelidad (no en lo resultados) (4-5)

    c. Él debe ser un buen <u>ejemplo</u> de un mayordomo para que todos los sigan (6-8)

    *Él debe haber un reconocimiento de que toda responsabilidad y habilidad es dada por Dios y por lo tanto Dios debe recibir la gloria y la obediencia

  2. I Corintios 9:24-27 - Un misionero debe mantener <u>disciplina</u> personal para que su ministerio no sea destruido por sus acciones

  3. I Timoteo 1:3-4, 17-20 - Un misionero debe protegerse de la falsa <u>doctrina</u>

    a. Él no debe distraerse con temas <u>inútiles</u> (3-4)

    b. Él debe dedicarse a la <u>edificación</u> divina (4)

    c. Él debe mantener su <u>fe</u> y una buena <u>conciencia</u> (17-20)

  4. II Timoteo 2:3-7 - Un misionero no debe <u>distraerse</u>

    a. Él no debe enredarse con las cosas de este <u>mundo</u> (3-4)

    b. Él debe permanecer dentro de las <u>pautas</u> de Dios (5)

    c. Él debe trabajar para recibir su <u>recompensa</u> (6-7)

B. Los pasajes secundarios
   1. I Corintios 15:58 - El ministerio no es en vano en el Señor
   2. II Corintios 5:14-21 - El trabajo del misionero requiere obediencia completa a Dios, ya que el misionero representa a Dios en su amor al mundo que lo rodea
   3. II Corintios 6:1-10 - Un misionero debe ser fiel sin importar sus circunstancias
   4. Filipenses 4:9 - Un misionero debe reconocer que es un ejemplo espiritual para los creyentes
   5. I Timoteo 3:1-15 - Un misionero debe cumplir las cualidades espirituales del liderazgo espiritual, y debe intentar establecer otros hombres que cumplen las mismas cualidades que el liderazgo espiritual en las iglesias locales
   6. I Timoteo 6:6-14 - Un misionero debe separarse de la doctrina equivocada mientras se dedica a corregir la doctrina y la vida
   7. II Timoteo 1:6-9 - Un misionero debe ser fiel y con denuedo para Jesucristo

VII. La dependencia del misionero en Dios por la fuerza para hacer el ministerio y para la producción de frutos espirituales
   A. Los pasajes prominentes
      1. I Corintios 1:26-31 - Es posible que un misionero no puede ser humano capaz, pero Dios lo ha elegido y le capacita para el ministerio para que Dios reciba la gloria al final
      2. I Corintios 3:4-11 - Un misionero debe sembrar y regar la semilla de la Palabra de Dios, pero es Dios quien produce la fruta
         a. Él debe reconocer que hay otros trabajos en la obra de Dios (4-5)
         b. Él debe sembrar la semilla de la Palabra de Dios (6)
         c. Él debe regar la semilla de la Palabra de Dios (6)
         d. Él debe depender en Dios para producir fruto espiritual de la Palabra de Dios (6)
         e. Él debe ser humilde y saber que no es especial simplemente porque está trabajando con Dios (7-9)
   B. Los pasajes secundarios
      1. I Corintios 15:9-11 - Un misionero debe reconocer que él ministra por la gracia de Dios
      2. II Corintios 3:5-6, 4:6-7 - Las habilidades de un misionero en el ministerio le son dadas por Dios

3. Gálatas 4:13-14 - Un misionero muchas vezas tiene debilidades y enfermedades, pero debe ser fiel

4. Colosenses 1:29 - La obra de un misionero se basa en la obra de Dios en su vida

5. I Tesalonicenses 1:5 - Un misionero debe predicar el Evangelio según el poder de Dios y no la sabiduría del hombre

6. II Timoteo 4:17-18 - Dios es el compañero y ayudante de un misionero cuando esté solo

VIII. El sacrificio del misionero
  A. Los pasajes prominentes
    1. I Corintios 9:15-23 - Un misionero posiblemente tendrá que <u>sacrificar</u> sus derechos para poder alcanzar a más personas con el Evangelio
      a. Él debe estar dispuesto a sacrificar sus derechos para que no sea una piedra de <u>tropiezo</u> (15-18)
      b. Él debe estar dispuesto a <u>adaptarse</u> al pueblo que está sirviendo (20-23)
      c. Él nunca debe sacrificar la <u>ley</u> (Palabra) de Dios por causa de la cultura humana (21)
    2. II Corintios 1:3-12, 12:1-10 - Un misionero posiblemente tendrá que <u>sufrir</u> para llegar a más personas con el Evangelio
      a. Él puede <u>depender</u> de la gracia y el consuelo de Dios para ser suficiente para su sufrimiento (1:3-7, 12:1-10)
      b. Su <u>honestidad</u> sobre el sufrimiento es apropiada (1:8, 4:8-11, 11-23-33)
      c. Él debe <u>responder</u> apropiadamente al sufrimiento por depender en Dios (1:9-10, 4:16-18)
      d. Él puede ser <u>ayudado</u> durante su tiempo de sufrimiento a través de las oraciones de los creyentes (1:11)
        *Los creyentes también proporcionan consuelo por mantener un testimonio de obediencia (7:4-16)
      e. Él debe <u>mantener</u> una conciencia y un testimonio puro durante su sufrimiento (1:12, 6:1-10)
    3. Gálatas 4:13-20 - Un misionero puede ser <u>rechazado</u> por lo que enseña

4. Filipenses 1:12-30 - Un misionero debe aceptar que el sufrimiento puede ser usado por Dios para <u>expandir</u> su ministerio
   a. Él debe aceptar que circunstancias adversas pueden proveer mayores <u>oportunidades</u> para ministrar (12-18)
   b. Él debe ser sin <u>temor</u> en el sufrimiento (20-21)
   c. Él debe reconocer que su vida en esta tierra es para el <u>beneficio</u> de otros (22-26)
   d. Él debe reconocer que su vida en esta tierra es un <u>ejemplo</u> para otros (27-30)

B. Los pasajes secundarios
   1. I Corintios 4:8-18 - Un misionero puede faltar las provisiones físicas
   2. II Corintios 2:12-13 - Un misionero puede faltar compañerismo
   3. II Corintios 11:16-23 (12:11-12, 13:3-14) - Un misionero puede ser despreciado y rechazado por los hombres cuando sea fiel a Dios
   4. Gálatas 6:17 - El cuerpo de un misionero puede mostrar su sufrimiento
   5. Filipenses 2:17-18 - El ministerio de un misionero es un sacrificio para el mejoramiento de la gente de Dios
   6. Colosenses 1:24-29 - Un misionero puede sufrir para ministrar mejor a otros
   7. I Timoteo 4:9-10 - Un misionero debe trabajar y puede sufrir reproche debido a su fe en Dios como el único Salvador de los hombres
   8. II Timoteo 1:12, 2:8-10, 3:10-13 - Un misionero puede sufrir por causa de su predicación y enseñanza
   9. II Timoteo 2:8-13 - Un misionero debe estar dispuesto a sufrir en beneficio de los demás

IX. El llamado del misionero por Dios
   A. Los pasajes prominentes
      1. Colosenses 1:25 - Un misionero es hecho un ministro por <u>Dios</u>
      2. I Timoteo 1:12-13 - Un misionero es colocado en el ministerio y habilitado para ese ministerio por <u>Jesucristo</u>
      *Dios puede usar el "no-usable" después de haber sido salvo, santificado, y entregado a Dios

B. Los pasajes secundarios
   1. II Timoteo 1:11 - Un misionero es llamado por Dios a predicar y a enseñar (Pablo fue llamado a ir a los gentiles)
      *I Corintios 1:1, II Corintios 1:1, Gálatas 1:1, Efesios 1:1, Colosenses 1:1, II Timoteo 1:1

X. La posibilidad de vanidad en el ministerio del misionero
   A. Los pasajes prominentes
      1. Filipenses 2:14-16 - El ministerio de un misionero puede ser en vano (en esta tierra) si la gente no lo recibe ni sigue su <u>enseñanza</u>
         a. La vanidad viene de la <u>división</u>
         b. La vanidad viene de una <u>falta</u> para mantener la Palabra de Dios
      2. Gálatas 4:1-11 - El ministerio de un misionero puede ser en vano (en esta tierra) si los creyentes regresan a la <u>doctrina</u> y <u>práctica</u> errónea después de su salvación
   B. Los pasajes secundarios
      1. 1 Corintios 15:1-4 - El ministerio de un misionero puede ser en vano (en esta tierra) si el pueblo tiene fe vana (fe en algo distinto al Evangelio)
      2. II Corintios 6:1-2 - El ministerio de un misionero puede ser en vano (en esta tierra) si los creyentes reciben la gracia de Dios en vano
      3. Gálatas 2:1-2 - El ministerio de un misionero puede ser en vano (en esta tierra) si no es recibido por ministros compañeros
      4. Filipenses 2:12-16 - El ministerio de un misionero puede ser en vano (en esta tierra) si los creyentes obedecen solamente a su enseñanza y siguen a Dios cuando él esté presente
      5. I Tesalonicenses 2:1-13 - El ministerio de un misionero puede ser en vano (en esta tierra) si la gente no recibe su enseñanza como de Dios
      6. I Tesalonicenses 3:4-5 - El ministerio de un misionero puede ser en vano (en esta tierra) si Satanás tiene la oportunidad de tentar y destruir a los creyentes

XI. El aprecio del misionero por la ayuda y la comunión con los creyentes
   A. Los pasajes prominentes
      1. Filipenses 4:10-18 - Un misionero debe <u>apreciar</u> la ayuda de los creyentes
         a. Él debe estar <u>contento</u> con lo que tiene (10-12)
         b. Él debe <u>depender</u> de Dios para todas las cosas (13)

        c.   Él debe <u>reconocer</u> que los creyentes están sacrificando a Dios cuando le ayuden (14-18)

            (1)   Ellos recibirán recompensas espirituales

            (2)   Ellos son agradables a Dios

    2.   Colosenses 4:7-14 - Un misionero debe reconocer a los <u>ayudantes</u> piadosos que Dios le ha proporcionado y expresar su <u>amor</u> por ellos *Un buen médico cristiano puede ser una verdadera bendición para un misionero (14)

B.   Los pasajes secundarios

    1.   II Timoteo 1:16-18 - Un misionero necesita refrescarse de creyentes fieles

    2.   II Timoteo 4:13 - Un misionero necesita provisiones físicas y espirituales que le proveen sus compañeros creyentes

    3.   Filemón 1:1-7, 23-24 - Un misionero puede tener compañeros y soldados en el ministerio

    4.   Filemón 1:10-21 - Un misionero puede, a veces, abogar por la misericordia y ayuda cristiana, de hermanos creyentes, y dar testimonio de su sinceridad en Cristo

    5.   Filemón 1:22 - Un misionero puede solicitar alojamiento y asistencia en sus viajes

LA PARTICIPACIÓN DE LA IGLESIA
EN LA VIDA Y EL MINISTERIO DEL MISIONERO

I.   La ofrenda para el misionero
    A.   Los pasajes prominentes
        1.   Romanos 15:26-28 - Las ofrendas misioneras son una manera en que los creyentes <u>ayudan</u> a los creyentes
            a.   La ofrenda se basó en la apreciación de las <u>bendiciones</u> espirituales (27)
            b.   La ofrenda produce <u>frutos</u> espirituales para el dador (28)
        2.   I Corintios 16:1-4 - Las ofrendas misioneras deben ser recibidas por la <u>iglesia</u>
            a.   La ofrenda debe ser recibida el <u>primer</u> día de la semana (2)
            b.   La ofrenda debe ser de acuerdo a cómo Dios ha <u>prosperado</u> a cada persona (2)
            c.   La ofrenda debe ser <u>planeada</u> y <u>organizada</u> (2)
            d.   La ofrenda debe ser enviada con personas de <u>confianza</u> (3-4)
        3.   II Corintios 8:1-9:15 - Las ofrendas misioneras son una oportunidad para que los creyentes <u>participen</u> en el ministerio en otros lugares
            a.   La ofrenda debe ser de libre <u>voluntad</u> (8:2)
            b.   La ofrenda debe ser un <u>sacrificio</u> (8:3-4)
            c.   La ofrenda debe ser vista como <u>comunión</u> en el ministerio (8:4)
            d.   La ofrenda debe incluir la entrega de uno <u>mismo</u> (8:5)
            e.   La ofrenda debe incluir a <u>todos</u> los que desean participar (8:7-15, 9:1-5)
            f.   La ofrenda debe ser recibida y distribuida con toda <u>honestidad</u> (8:16-24)
            g.   Los participantes en la ofrenda serán <u>bendecidos</u> por Dios (9:6-15)
        4.   Filipenses 4:10, 14-20 - Las ofrendas misioneras son una oportunidad para que los creyentes participen en el ministerio en otros <u>lugares</u>
            a.   La ofrenda es una expresión de <u>cuidado</u> (10)
            b.   La ofrenda es <u>útil</u> en tiempo de aflicción (14)
            c.   La ofrenda debe ser <u>repetitiva</u> (15-16)
            d.   La ofrenda produce <u>frutos</u> espirituales (17)

      e.   La ofrenda es un sacrificio recibido por <u>Dios</u> (18)

      f.   La ofrenda es bendecida con la <u>provisión</u> de Dios para el dador (19-20)

B.   Los pasajes secundarios

    1.   I Corintios 9:5-18 - El ministro de Dios debe vivir por la "gratitud" de los creyentes.

    2.   II Corintios 11:5-12 (12:13) - Las misiones muchas veces implican el apoyo financiero de las iglesias para servir a otros

    3.   Hebreos 10:34 - El apoyo misionero es una expresión de compasión

II.   Oración por el misionero

A.   Los pasajes prominentes

    1.   Romanos 15:30-33 - La oración es <u>participación</u> en el ministerio del misionero

      a.   La oración por la seguridad (31)

      b.   La oración para que el ministerio sea recibido (31)

      c.   La oración para la futura comunión y refresco (32)

    2.   Efesios 6:18-20 - la oración por la <u>predicación</u> del misionero

      a.   La oración por el enunciado (19)

      b.   La oración por el denuedo (19-20)

         *Para dar el conocer del Evangelio

    3.   Colosenses 4:2-4 - La oración por las <u>oportunidades</u> del misionero en el ministerio

      a.   La oración por las puertas abiertas para el ministerio (3)

      b.   La oración por el denuedo de hablar (4)

    4.   II Tesalonicenses 3:1-2 - La oración por el <u>éxito</u> y la <u>seguridad</u> del misionero en el ministerio

      a.   La oración para que la Palabra de Dios tenga libertad y sea glorificada (1)

      b.   La oración para la protección de los hombres perversos (2)

B.   Los pasajes secundarios

    1.   II Corintios 1:8-11 - La oración ayudó a proveer la liberación de la persecución

    2.   Filipenses 1:19 - Se esperaba que la oración proporcionara liberación de la persecución

    3.   I Tesalonicenses 5:25 - La oración en general

4. Hebreos 13:18-19 - La oración por la vida adecuada y la futura comunión

III. Los viajes a corto plazo para ayudar al misionero
  A. Los pasajes prominentes
    1. I Corintios 16:17-18 - El viaje de misiones a corto plazo puede ser <u>benéfico</u> para todos los involucrados
      a. Los participantes <u>suministran</u> físicamente lo que la iglesia no puede a distancia
      b. Los participantes <u>refrescan</u> al misionero
      c. Los participantes deben ser <u>reconocidos</u> por su ministerio
    2. Filipenses 2:25-30, 4:18 - Un misionero puede ser muy <u>alentado</u> por las visitas del viaje de misiones a corto plazo
      a. Los participantes se convierten en <u>compañeros</u> en el ministerio (2:25)
      b. Los participantes deben estar listos para <u>trabajar</u> en el ministerio (2:27)
      c. Los participantes deben ser <u>reconocidos</u> por su ministerio (2:28-29)
      d. Los participantes sirven al misionero en nombre de la <u>iglesia</u> (2:30)
      e. Los participantes son <u>mensajeros</u> para llevar provisiones al misionero (4:18)
  B. Los pasajes secundarios
    1. Colosenses 1:7-8, 4:12-13 - Una visita a corto plazo al misionero puede servir como una gran bendición al misionero y los participantes

IV. La comunicación con el misionero
  A. Los pasajes prominentes
    1. Efesios 6:21-22 - Hay beneficio para la <u>comunicación</u> abierta con el misionero
      a. La iglesia puede conocer las necesidades y la fidelidad del <u>misionero</u>
      b. El misionero puede conocer las necesidades y la fidelidad de la <u>iglesia</u>

2. Los pasajes secundarios
   a. Colosenses 4:7-8 - El misionero y la iglesia deben tener interés en conocer las situaciones de cada uno

V. La ayuda del misionero en sus viajes y ministerio
   A. Los pasajes prominentes
      1. Romanos 15:23-24 - La iglesia debe ser <u>confiable</u> para el misionero durante sus viajes
         a. Debe ayudar con los <u>alojamientos</u> (23-24)
         b. Debe ayudar con el <u>envío</u> de él en su camino (24)
         c. Debe desfrutar el <u>compañerismo</u> durante su visita (24)
      2. I Corintios 16:10-11 - La iglesia debe <u>recibir</u> amablemente al misionero durante sus viajes
         a. Debe asegurarse de que el misionero no tiene razón para <u>temer</u> (10)
            *Es fiel en su ministerio y sirve como el apóstol Pablo lo hizo
         b. No debe <u>menospreciar</u> al misionero (11)
         c. Debe ayudar al misionero a <u>llegar</u> a su destino ministerial (11)
   B. Los pasajes secundarios
      1. I Corintios 16:5-6 - Los creyentes deben ser fieles en proporcionar alojamiento y asistencia en el viaje de un misionero
      2. Filemón 1:22 - Los creyentes deben ser fieles en proporcionar alojamiento para su visita
      3. Tito 3:13 - Los creyentes deben cuidar a aquellos que viajan para el ministerio

Los Fundamentos de las Misiones
en
las Epístolas Generales

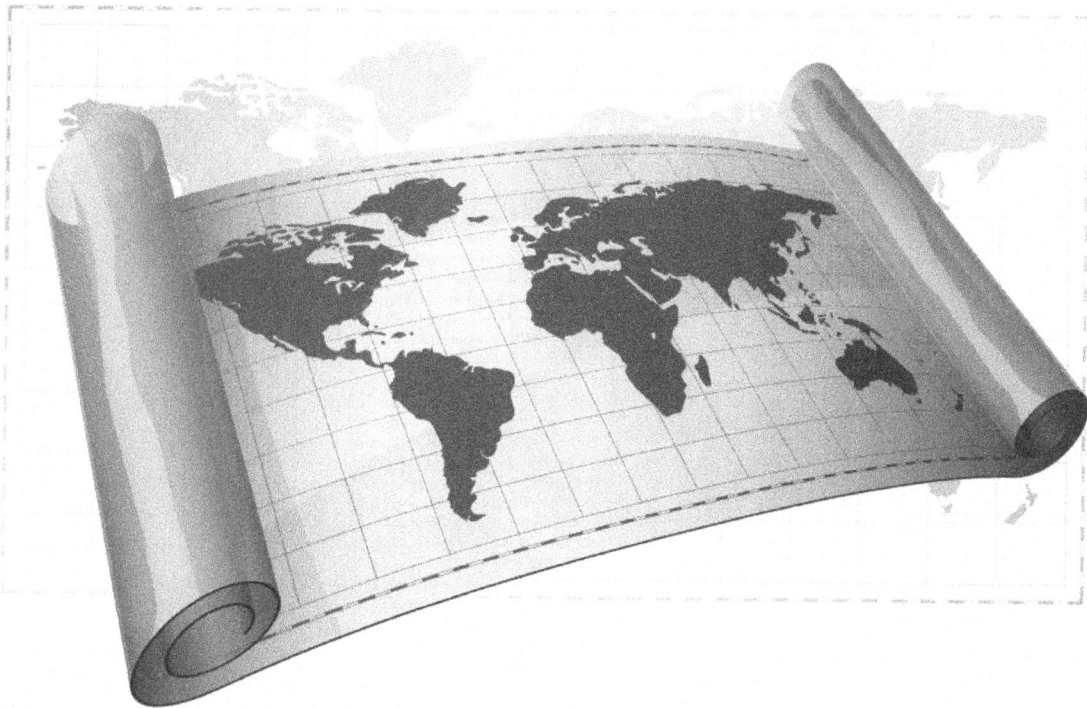

El Llamado Universal para las Misiones

I. Todos los pecadores serán juzgados por Dios por su pecado
   A. I Pedro 4:17-18 - El juicio vendrá a los que no <u>creen</u>

II. Todas las personas, en todas las naciones, pueden recibir la salvación de Dios por medio de la fe en Jesucristo
   A. Los pasajes prominentes
      1. I Pedro 2:4-8 - Dios ha escogido a Jesucristo como la principal <u>piedra</u> del ángulo, escogida, preciosa, que beneficia a todos los creyentes
      2. I Juan 2:1-2 - Jesús es la propiciación por los pecados del <u>mundo entero</u>
      3. I Juan 4:13-15, 5:1-5, 11-13 - <u>Todo</u> que confiesa a Jesucristo como el Hijo de Dios, tiene el Espíritu Santo de Dios, es hijo de Dios, tiene victoria sobre el mundo y tiene vida eterna
      4. I Pedro 3:18-22 - Dios es paciente incluso para salvar a unos <u>pocos</u>
   B. Los pasajes secundarios
      1. I Pedro 1:1-9 - Pedro escribe a los "extranjeros" (gentiles) en las ciudades gentiles que habían creído en Jesucristo y tenían la garantía de una herencia espiritual
      2. I Pedro 1:10-12, 17-25 - La salvación ahora recibida por los creyentes fue profetizada en el A.T. y cumplida en el Evangelio
      3. I Pedro 4:3-6 - El Evangelio debe ser predicado incluso a aquellos que lo rechazan así que no hay excusa

III. Todos los creyentes deben participar en la evangelización de los perdidos y discipulado de los salvados
   A. Los pasajes prominentes
      1. I Pedro 3:15-16 - Todos los creyentes deben <u>santificar</u> a Dios en su corazón, y deben estar listos para dar la respuesta a las preguntas de los incrédulos acerca de su "<u>esperanza</u>" en Dios
      2. Judas 1:22-25 - Todos los creyentes deben tratar de ayudar a los que están en <u>pecado</u>
         a. Por convencerlos (22)
         b. Salvarlos por rescatarlos del fuego (23)
         c. Siempre aborreciendo la contaminación de la carne (23)

       3.   III Juan 1:5-8 - Los creyentes deben <u>participar</u> en el ministerio cuidando y ayudando a los que viajan por la causa de Jesucristo

  B. Los pasajes secundarios

       1.   I Pedro 2:11-12 - Todos los creyentes deben vivir piadosamente entre los gentiles (incrédulos)

       2.   I Pedro 3:1-8 - Los cónyuges deben vivir piadosamente para ganar a su cónyuge

Los Fundamentos de las Misiones en la Profecía de Apocalipsis

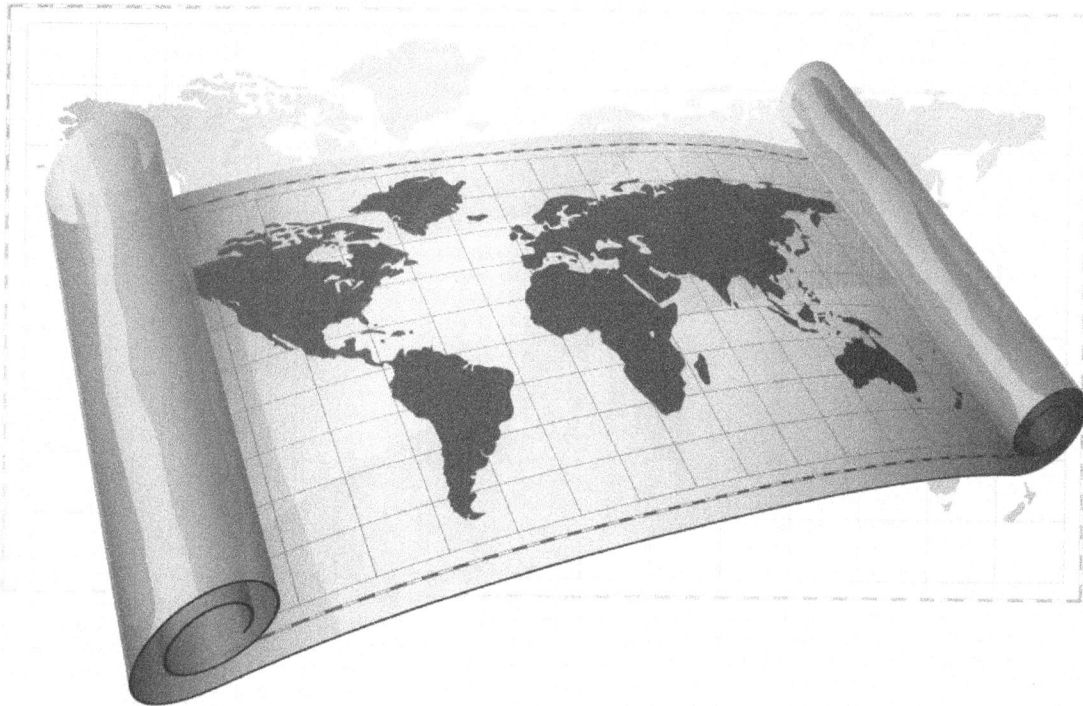

El Llamado Universal para las Misiones

I. Todos los pecadores serán juzgados por Dios por su pecado
    A. La pasaje prominente
        1. Apocalipsis 20:11-15 - Todas las personas <u>grandes</u> y <u>pequeñas</u> que no están en el Libro de la Vida son arrojadas al Lago de Fuego

II. Todas las personas, en todas las naciones, pueden recibir la salvación de Dios por medio de la fe en Jesucristo
    A. Los pasajes primarios
        1. Apocalipsis 3:20 - Jesucristo llama a la puerta para que <u>cualquier</u> hombre abra y disfrute Su comunión
        2. Apocalipsis 5:8-10 - La <u>redención</u> de Jesucristo a través de Su sangre está disponible para todo linaje, lengua, pueblo y nación
        3. Apocalipsis 14:6-7 - Un ángel predica el <u>Evangelio</u> a toda nación, tribu, lengua y pueblo en el período de la tribulación
        4. Apocalipsis 22:2 - Las hojas del árbol de la vida serán para sanar a las <u>naciones</u>
    B. Los pasajes secundarios
        1. Apocalipsis 1-3 - Las siete iglesias que fueron enviadas mensajes de Jesucristo fueron encontradas en Asia y compuestas principalmente de creyentes gentiles
        2. Apocalipsis 7:4-8 - Los judíos aún serán salvos en el período de la tribulación
        3. Apocalipsis 7:9-10, 13-17 - Habrá una multitud de creyentes en el cielo, de la gran tribulación, de todas naciones, tribus, pueblos, y lenguas
        4. Apocalipsis 10:8-11 - Se le dijo a Juan que él era un profeta sobre muchos pueblos, naciones, lenguas, y reyes
        5. Apocalipsis 21:26 - Las naciones traerán gloria y honor a la Nueva Jerusalén

www.ingramcontent.com/pod-product-compliance
Lightning Source LLC
Chambersburg PA
CBHW081633040426

42449CB00014B/3298